CONQUERING
THE TASTE OF THE RULERS

征服

統|治|者|的|味|蕾

南源相 著　　徐小為 譯

三民書局

序

「約克 (York)[1] 的歷史就是英國的歷史」。

——電影《王者之聲：宣戰時刻》(*The King's Speech*，2010 年)
的真實主角，英國國王喬治六世曾這樣說過。他還是王子時受封約
克公爵[2]，自然對於自己的封地格外偏愛。但這並不只是嘴上稱讚幾
句而已。約克，這個位於英國北部的小城市，是西元 71 年因羅馬帝
國的士兵們在此興築要塞而建成，它在歷史上登場的名字是「埃伯
拉肯」(Eboracum)。羅馬人離開後留下的空位，則由撒克遜人、維京
人和諾曼人遞補上去。就算換了主人，它作為英格蘭北部的政治、
宗教、文化、工商業重心的地位屹立不搖。歷經多個時代的繁榮，
約克成為一個兼具古代、中世紀與近代魅力的地方。

我和妻子在 2016 年 6 月遊覽英國時，曾在約克住過一晚。雖然
是很短的旅程，但我們走在十四世紀建造的城牆上，沿著舊城的外

1　位於英格蘭北部北約克郡 (North Yorkshire) 地區的小城市。以英國中世紀教堂中
　　規模最大的約克大教堂為首，還有十四世紀建造的城牆、中世紀建築物與維多利
　　亞時代（1837～1901 年）建造的近代建物等，是著名的觀光勝地。

2　英國王室傳統上會授予次男（王位繼承人第二順位）「約克公爵」(Duke of York)
　　的封號。

圍走一圈，還參觀了十四～十五世紀已成形的肉舖街 (Shambles)，徹底享受中世紀英國的氛圍，至於它的近代文化則是可透過美食好好體驗一番。我們在一間叫做 Bettys Café Tea Rooms 的茶館體驗到紅茶搭配點心的英國傳統「下午茶」(afternoon tea) 飲食文化。如果你是英國推理小說迷一定覺得很熟悉，因為不管是在時代背景設定於二十世紀初的《大偵探白羅》(*Agatha Christie's Poirot*)，或在《瑪波小姐探案》(*Agatha Christie's Marple*) 中，都不停出現主角們一邊坐在茶館高雅地喝下午茶，一邊解開案件線索的場景。

　　近代以商業都市之姿活躍的約克，隨著社交文化發達，下午茶的風氣也大大流行起來，市中心林立古老的茶館，有名的店家前總是排著長長的隊伍。我們造訪的 Bettys Café Tea Rooms 除了約克之外，在石頭街 (Stonegate)、諾瑟勒頓 (Northallerton) 等鄰近地區還有六間分店。Bettys 開業於 1919 年，是一間傳承超過百年的企業。但創立人並非來自英國，而是瑞士的甜點師 Fritz Bützer。他在 1907 年移民到英國這個當時最強的經濟大國，雖然一開始白手起家的時候連一句英文都不會，但他來自巧克力的國度——瑞士，很快便以巧克力師 (chocolatier) 的身分聲名大噪。他的實力受到眾人認可，之後他與房東的女兒結婚，靠岳母的幫忙，開了一間出色的甜點店，是一個事業和愛情兼得，完美實現「英國夢」的 Happy Ending。

　　而那間店就是傳承至今的 Bettys Café Tea Rooms。我們點的下午茶雖然價格不菲，但分量充足、樣式豐富。一共三層的碟子，上面放有小巧可愛的覆盆子派、馬卡龍、泡芙、巧克力慕斯蛋糕、司康、

Bettys Café Tea Rooms 為了強調傳統，用餐環境還保留最初開店時的氣氛。

三明治等。店家還端上裝在杯子裡的開胃菜——雞尾酒蝦，再配上簡單餐點一塊肉派跟鮪魚捲。食物的味道跟它豐盛華麗的外貌比起來尚稱平凡，但紅茶則香氣四溢，就算是平常不愛喝紅茶的我，喝下第一口的瞬間就愛上了那個味道。或許是因為我們已經厭倦了口味重又油膩的英國食物，有種口腔和腸胃被清乾淨，連精神都被淨化的感覺。

說到下午茶，想必各位一定會先想到放在托盤裡的派、司康和蛋糕之類的茶點，但這些點心畢竟都只是襯托紅茶香氣的配角，下午茶的主角（從名稱也看得出來）是紅茶。其實用點心搭配下午茶這項傳統是從十九世紀中葉的維多利亞時代才開始，並不算是非常古老的傳統。另一方面，紅茶早在其兩百多年前的 1650 年代[3] 傳入英國。當時荷蘭商人引進中國茶葉，開啟了英國的茶文化。茶葉雖然一開始價格高昂，只有上層階級才能享用，但隨著獨占茶葉貿易的英國東印度公司大幅提升茶葉進口量，茶逐漸成為任何人都能享用的平價飲品。我們在世界史課堂中學到東印度公司不僅讓紅茶成為英國人日常生活的一部分，更引發了西方的帝國主義發展。

透過海上貿易，從遙遠中國進口的茶葉香氣，讓英國人為之沉醉，而英國國內的紅茶消費量也隨之急遽升高。英國東印度公司和英國政府為了獨占這具有龐大利益的紅茶專賣事業，不擇一切手段，其中鴉片戰爭就是最具代表性的事件之一。進入十九世紀後，英國

3　Julia Skinner, *Afternoon Tea: A History*, Maryland: Rowman & Littlefield, 2019.

東印度公司用產自印度的鴉片代替稀有的白銀交換中國的茶葉，隨著吸食鴉片的人口急增，察覺到危機的清朝政府下令禁止走私鴉片。為了反抗此舉，英國在 1840 年發動鴉片戰爭。一個政府口口聲聲要求以低價喝到紅茶，還直接站出來強調出口毒品的權利，侵略他國，實在是很不可取。這就是為什麼即使過了將近兩百年，這場戰爭仍然被認為是史上最惡劣的不義之戰之一。

不只如此，英國東印度公司為了大幅提高收益，甚至強行要求自行生產茶葉，但是清朝嚴令禁止茶葉種子輸送，同時也視茶葉栽培技術為機密。因此東印度公司派遣了一位產業間諜前往中國，那個人就是出身蘇格蘭的植物學家福鈞 (Robert Fortune)。福鈞潛入中國，不僅學到了茶葉的栽培技術，還竊取茶葉種子，他於 1848 年將茶種轉交英國東印度公司，隨即東印度公司便在殖民地印度各地嘗試茶葉栽培。雖然初期困難重重，但終究在大吉嶺 (Darjeeling)、阿薩姆 (Assam)、錫蘭 (Ceylon) 等地區都成功栽培出茶葉[4]。他們在這些地區以企業栽培的方式種植茶葉，印度人則被強逼付出勞役，像奴隸般被剝削工作。雖然情況稍有不同，但引發 1775 年美國獨立戰爭的導火線，也和茶葉有關，即「波士頓茶葉事件」[5]，也就是說，

4　Sarah Rose, *For All the Tea in China: How England Stole the World's Favorite Drink and Changed History*, New York: Viking, 2010.

5　1773 年，英國頒布《茶稅法》授予英國東印度公司北美十三州的茶葉專賣權，使其壟斷當地茶葉貿易。波士頓市民們為了反抗此舉，假扮為美洲原住民，攻擊了三艘停泊在港口的東印度公司茶葉貿易船。

今天被我們作為下午茶優雅品茗的紅茶，背後其實隱藏著蠻橫暴力的歷史。

不只紅茶如此。帝國主義和食物之間，有著解不開的千千結。說歐洲人是為食慾而生的，一點也不為過。講到帝國主義，一般人很容易直接聯想到政治問題，但其根源其實來自於經濟。歐洲帝國主義源自十五世紀的大航海時代，他們當時的目標是要進口胡椒。因為歐洲人常吃的菜色受乾燥寒冷的氣候影響，再加上穀物產量不足，使他們非常仰賴肉類，但是那個時代還沒有類似現代的冷藏設備，肉類的新鮮度大都很差，散發著一股讓人作嘔的腥味。能夠去除這種腥味的珍貴香料，正是胡椒。為了大量入手價格僅次於黃金的貴重胡椒，他們侵略胡椒原產地──印度，一連串帝國主義的侵略行動就此展開。日本植物學家稻垣榮洋甚至如此形容：「這一切都是因為『胡椒』，更正確地說，是由於人類對胡椒的『暗黑慾望』所導致的。」[6]

西方人對於味道的渴求並沒有停止。他們沉溺於各式各樣的香料、砂糖，以及前面提過的紅茶。歐洲大陸上也有許多弱勢小國淪為奧地利帝國或俄羅斯帝國等周圍強大國家的附庸國，深受剝削所苦。這些小國常是生產農產品的國家，像這樣能以低廉價格高效取得各種食材的過程，便使得奴隸制度及強權對殖民地的支配日漸嚴重。於是形成強制征服其他國家、民族，並掠奪其土地及勞力的近

6　稻垣榮洋著，劉愛夌譯，《改變世界史的十四種植物》，臺北：平安文化，2019。

代帝國主義。帝國主義者對於食物的執著，要直到交通發達、商品流通便利，礦工業取代農業成為產業重心後才逐漸消退。

　　然而，在帝國主義（名義上）告終很久之後的 2000 年，發生一件顛覆世界紅茶市場的大事：印度的塔塔集團 (Tata Group) [7] 收購了英國紅茶企業泰特利 (Tetley)。泰特利在當時茶葉市場的占比排名世界第二，塔塔集團的子公司塔塔茶飲（Tata Tea，現為塔塔消費品公司 [Tata Consumer Products]）收購泰特利之後，立刻躍升為世界茶葉市場的佼佼者。對比在英國殖民統治下因為紅茶受盡殘酷折磨的印度歷史，此件收購引起了世界的關注。尤其泰特利又是創立於 1837 年，代表英國紅茶文化的傳統品牌之一，對於英國人的打擊可想而知（舉裡來說，就像是韓國有名的宗家府泡菜變成中國品牌的感覺）。甚至經過八年之後，美國《富比士雜誌》(*Forbes*) 還再度撰文提及這場收購，可見這件事的影響程度之大。報導指出，印度企業正蠶食英國和美國的經濟，其中一個例子便提到這次收購（此時塔塔集團甚至已經收購了英國汽車品牌 Jaguar 和 Land Rover），而這些都被《富比士》形容為「逆向帝國主義」(reverse imperialism)，報導的標題即「一個逆向帝國主義的案例」 (A Case of Reverse Imperialism)。

7　塔塔集團在英國殖民時期的 1868 年，由一間紡織廠起家，之後將事業範圍擴展到鋼鐵、電子、化學、航空、汽車、水泥、食品、運輸等，向各式產業進軍。進入 2000 年後，塔塔集團透過具攻擊性的收購、合併擴大事業版圖，成為超越印度國內財團的世界級大企業。

　　當然，「逆向帝國主義」一詞並不是這時候才第一次出現。西方歷史學界就曾用這個詞來形容古羅馬文化受希臘文化影響的情況。雖然羅馬以武力征服希臘，卻全然接受希臘的文學、哲學，甚至神話，可以說在精神上、文化上反而是被逆向征服了[8]。此外，正值冷戰的 1960 年代，對於第三世界國家在美國和蘇聯間展開的外交權衡，美國也曾擔憂出現逆向帝國主義的聲音，可能會使得美、英、法這些昔日的異國主義列強們，反而必須要看過去殖民地亞、非、中南美國家的臉色。而到了 1980 年代，隨著西歐先進國家的經濟地位受到新興發展中國家的經濟成長威脅，這個詞又被再度提起。

　　於是在 1996 年，英國文學界也出現了「逆向帝國主義」。有主張認為艾蜜莉・勃朗特的《咆哮山莊》(*Wuthering Heights*) 是反映逆向帝國主義的作品[9]。這本書的主角希斯克里夫被描寫成一個皮膚黝黑，彷彿出身吉普賽的異邦孤兒。希斯克里夫踏入恩蕭家門後，被身為白人的主人兒子辛德利所怨恨，遭受各種剝削和虐待。希斯克里夫憑著對辛德利的妹妹——凱薩琳的愛，忍受了許多痛苦，直到凱薩琳與跟她門當戶對的白人埃德加訂婚後，覺得遭到背叛的希斯克里夫便失去蹤影。之後他成為富翁，再次回到「咆哮山莊」，親手

8　Susan E. Alcock, Terence N. D'Altroy, Kathleen D. Morrison, Carla M. Sinopoli, *Empires: Perspectives from Archaeology and History*, Cambridge: Cambridge University Press, 2001.

9　Susan Meyer, *Imperialism at Home: Race and Victorian Women's Fiction*, New York: Cornell University Press, 1996.

——毀滅過去傷害自己的那些人。

　　美國韋爾斯利學院 (Wellesley College) 教授 Susan Meyer 曾分析，辛德利對希斯克里夫的虐待，象徵當時大英帝國脅迫殖民地有色人種的帝國主義現實，而希斯克里夫的復仇則象徵著逆向帝國主義。她同時還說明作品中的逆向帝國主義，反映出藏在帝國主義加害者——英國人內心深處的恐懼。Susan Meyer 認為就像書中對希斯克里夫的描繪所呈現出來的一樣，加害者們害怕哪一天會被成長得比自己更強大的殖民地民族逆襲。從這個角度去看，宣示著強大資本、站在世界經濟至高點收購泰特利的印度塔塔集團，和變成富豪回歸，上演復仇戲碼的希斯克里夫確實有相通之處。

　　不知為何，以這種脈絡使用「逆向帝國主義」一詞，總讓人有痛快的感覺。我說的不是它在字典裡的知識性定義，而是像卡通湯姆貓與傑利鼠，讓人聯想起弱者嘲弄強者的樣子吧。當然，這跟我住在曾受日本殖民統治的朝鮮半島上，並非沒有關係。就算是看同樣的單字，對身為帝國主義主謀國家的人民而言，或許他們會更覺得恐懼也說不定。然而「逆向帝國主義」這個單字（從英語圈會在這個單字加上引號就知道）並不是個廣泛被使用或經常被提到的字。「reverse imperialism」一詞，不管在《大英百科全書》、《牛津字典》或者《韋伯字典》裡都還沒被收錄；另一方面，帝國主義「imperialism」這個詞又如何呢？這可是個熟悉的單字，不僅字典裡有，而且不管政界、學界或媒體圈都經常提及，可能是因為長久以來（無論是加害者或被害者）經歷過帝國主義史的國家和民族難以

計數。但帝國主義不該只被看成是物質上的侵略，就像「文化帝國主義」(cultural imperialism) 這個詞所指涉的一樣，擁有資本的強國，他們的電影、戲劇、動畫、音樂、文學等常會向相對落後的地區傳播，導致這些地區在經濟、精神上依賴強國。至於被希臘文化吸收的羅馬帝國則是例外，一般來說是強勢文化入侵弱勢文化才合常理。

不過，也是有違背這種常理的領域──食物。以飲食文化來說，逆向帝國主義現象並不算罕見。歷史上有許多情況是被征服者的食物反而占領了征服者的餐桌，改變外食文化或家庭飲食潮流。甚至在高壓的嚴厲統治，以及對其他人種與移民文化的種種無知、偏見和歧視下，仍舊阻擋不了飲食上的影響，正好證明了味道的力量有多麼強大。

當然，比起在飲食文化中尋找逆向帝國主義，找到帝國主義相對還是比較容易。受到美利堅和平 (Pax Americana) 影響，用來形容麥當勞漢堡和可口可樂滲透全世界飲食文化的 「飲食帝國主義」(culinary imperialism) 一詞，也越來越常出現。由此可見不管是經濟或武力，只要是占據優越地位的國家或民族，其飲食文化就很容易傳播出去。因為他們的餐桌給人一種新潮又豐饒的印象，容易引人憧憬。無論從食材供給或流通層面來看，他們都站在有利的地位，這也是能引領流行的原因之一。這種飲食文化傳播的例子在韓國也看得見。朝鮮日治時期（1910～1945 年）的韓國料理便深受日本料理影響（除了偏辣、偏鹹的南道10料理之外）。傳統韓國菜口味清淡，且偏好香醇的味道，喜歡品嘗食材天然的原味和口感，然而從日本

傳來的則是鮮味和甜味，現在被稱為「鮮味源頭」的味之素 (Ajinomoto) 就是最具代表性的例子。傳統朝鮮醬油[11]之所以會被無須長時間發酵，可以大量生產的日本醬油取代，也是同樣道理。現今距離朝鮮日治時期已經過了數十年，但已經被改變過的口味，卻無法再回到從前了。

本書把焦點放在上述情況的對立角度——「飲食的逆向帝國主義」上。雖然「逆向帝國主義」一詞聽起來有點誇張，但我並沒有要把這個概念延伸到複雜多端的政治、外交間的角力關係或經濟層面，也暫時不會討論究竟是誰被掠奪，又是誰侵略的。此處想單純聚焦於美食的魅力，還有因為這些魅力所引發的飲食傳播過程。其實食物超越地緣的界線是一件常見的事，好吃的食物當然不只鄰國，甚至會（透過移民或交易）被移植到遙遠的國度。但本書想探討的並非是一般的食物交流史，而是經由名為帝國主義的不幸「接觸」，在國與國之間、民族與民族之間發生的飲食文化傳播過程。其中，我會把討論的重點放在使殖民地及民族的食物，反向朝侵略者們傳播的事件，我認為這就是所謂的「飲食逆向帝國主義」。本書想描繪的，不是仰賴時尚形象或先進的供給流通系統，而是憑卓越的美味之力登上征服者餐桌的「民族食物」。

---

10 譯註：「道」為韓國行政區劃，類似省的概念。南道指京畿道以南的各道。

11 譯註：用傳統方式製作的韓式醬油，色淺鹽分高，較不會影響食材顏色，在韓式料理中經常被用來煮湯，又稱為湯醬油（국간장）。

　　成為逆向帝國主義的民族食物都有一個共通點：他們都是受到被支配地底層人民喜愛的廉價食物。這些「卑微的」食物們，很多都在進入支配國的新環境，歷經反覆進化之後，走上與原本料理不同的道路。其中一小部分重生為帝國上層階級喜愛的奢侈珍饈；也有部分傳播至帝國的其他殖民地，或由受到壓迫、生活貧困而投奔遠方的移民帶到世界各地。甚至與民族自主性相連結的一些民族食物，因為近乎滲透了支配國的餐桌，進而引發種種激烈的「宗主國爭議」，彼此爭奪正統的地位。接下來要講的，就是關於看似命運相似，卻有著不同際遇六種民族料理的故事。就像「逆向帝國主義」這個詞給人的感覺一樣，這些料理征服統治者味蕾的故事，也可以讓人體會到不可思議的痛快感受。而最重要的是，這些料理都非常好吃。既然是美食的故事，自然也能讓人聽得津津有味囉！

Contents

1

庫斯庫斯，
從馬格里布到法國

「這是什麼？飛魚卵嗎？」

「不是，是庫斯庫斯 (couscous)。」

「庫斯庫斯？那是什麼？是魚的卵嗎？」

「不是，跟義大利麵有點像啦，這是用手搓麵粉做出來的。」

「用麵粉做的？好特別喔。一顆一顆咬起來好像飛魚卵。」

這是我在親戚的婚禮上跟媽媽的對話。婚禮宴客時提供了華麗的法式料理，開胃菜有鮮蝦和干貝的檸檬漬 (ceviche) [1]，搭配庫斯庫斯一起上桌。大概是因為檸檬漬的海鮮香氣和酸爽的風味已經滲進鋪在底部的庫斯庫斯，這道形狀類似小米的麵粉料理，對媽媽而言感覺就像飛魚卵。聽她這麼一說，米黃色的外觀加上有嚼勁的口感，的確會讓人聯想到魚卵沒錯。

再補充說明一點，庫斯庫斯是用杜蘭小麥（durum wheat，durum 在拉丁文中意為「堅硬的」）碾成的粗粒小麥粉 (semolina) 所製成。杜蘭小麥是麩質含量高的硬質小麥。具有硬麥性質的杜蘭小麥粉帶著淡淡的黃色，顆粒較粗。一般提到麵粉，通常會聯想到潔白細緻的粉末，那是因為我們常見的麵粉是用軟質小麥碾磨而成的。雖然都是小麥，但依口感與質地不同而有區分，軟麥通常用來製作柔軟的麵包，而硬麥則用來製作口感 Q 彈的義大利麵。

庫斯庫斯是在粗粒小麥粉中加入溫熱的鹽水，攪拌成團後用手揉捻成米粒大小的圓球狀，再經過乾燥製成。因為要使麵粉成團後

1　祕魯傳統料理，將切成小塊的海鮮用檸檬或萊姆汁醃漬後享用的冷盤。

再一一搓成小顆粒，作起來很費工夫，但最近連庫斯庫斯都能以機器量產了。它是用麵團加工而成的碳水化合物食材，所以也會被當成是一種義大利麵，不過烹煮的方式大不相同。義大利麵是水煮後享用，而庫斯庫斯則是蒸熟食用。

用庫斯庫斯製作的各式料理，通常也被稱為庫斯庫斯。加了肉就是肉類庫斯庫斯，搭配海鮮就是海鮮庫斯庫斯，想吃沙拉的時候也能作成庫斯庫斯沙拉。就像前面提到的法式料理開胃菜，庫斯庫斯也常成為法式料理的食材之一。日劇《Grand Maison 東京》講的是東京的法式料理主廚們為了爭取米其林三星，彼此競爭手藝的故事，劇裡也曾出現庫斯庫斯。男主角尾花夏樹雖然自傲又固執，但作為一個主廚，他的料理實力卻是一等一的。女主角則是個性真摯又有毅力的早見倫子，這兩個人下定決心要在東京開一間能拿到米其林三星的法國餐廳，於是去拜訪尾花以前的同事京野陸太郎。過程中他們用來招待京野的料理，就是法國家庭料理 couscous à la maison。這道用燉肉搭配庫斯庫斯的料理，是尾花和京野曾經在法國一起享用過的共同回憶。

早見：「（吃了一口之後感嘆道）嗯～好像有一點點肉腥味，要不要加點柚子什麼的？」

尾花：「喔，妳不要破壞我們的回憶。」

早見：「什麼？但這不是加了茴香或荳蔻之類的香料，再用大蒜跟肉湯 (bouillon)[2] 一起提味的番茄料理嗎，感覺一定跟柚子味道很

搭才對啊？」

　　京野：「女生的話可能會覺得不錯吧，可是我……」

　　尾花：「（直接打斷）對男人而言，肉味就是要這麼重才好。」

　　早見：「那是因為你們兩個都還年輕吧，現在加柚子你們也會喜歡的，絕對！而且如果要在日本賣的話，庫斯庫斯還是用白飯代替比較……」

　　尾花：「（一副沒救了的樣子嘲笑道）根本對牛彈琴。」

　　從上述對話，我們可以知道兩個有關庫斯庫斯的事實。首先，庫斯庫斯扮演的角色跟白米飯一樣。從這場戲中三人享用的料理（跟咖哩非常相似）看來，大盤子的一角擺著庫斯庫斯，另外一邊盛有燉肉，劇中人物們沾了一點哈里薩辣醬 (harissa) 後，把庫斯庫斯配著燉肉一起吃。就像用湯或菜餚配飯吃一樣。而從早見表示「庫斯庫斯還是用白飯代替比較……」的部分，也能推測出這點。

　　另外一個事實則是，庫斯庫斯被視為正統法式料理的食材之一。這也是為什麼尾花會那麼輕視為了配合日本人口味，想用白飯取代庫斯庫斯的意見。用和風的白飯搭配法式料理的組合，對於他這個心高氣傲的法式料理主廚而言，是無法忍受的。但是尾花忽略了一件事，就是庫斯庫斯並不是法國傳統的食材。不管是出於主廚的自尊心，或者為了遵從正統，假如在法式料理中加入和風的白飯是件

2　語源為法文，意指用肉類和蔬菜燉煮而成的清湯。

北非地區將辣椒和香料磨碎後製成的哈里薩辣醬。

「沒救」的事，那麼使用庫斯庫斯也需要再考慮一下才對。因為這些具有獨特外貌和口感的麵粉粒，其實是源自於北非馬格里布 (Maghreb) 地區的傳統食材。

馬格里布指的是摩洛哥、阿爾及利亞、突尼西亞等與地中海相連的北非西部地區，在阿拉伯文中意為「日落之地」，也就是「西方」的意思。這個地區在伊斯蘭文化圈中屬於西邊，因此得名。如果要把地區範圍設定得再廣一點，還可以把利比亞和茅利塔尼亞算進去，甚至連在歷史上受阿拉伯支配約七百年，留存許多摩爾人 3 文

3　指西元七世紀以後，支配西北非與伊比利半島（西班牙、葡萄牙）的阿拉伯人。

化遺跡的西班牙和葡萄牙也能被納入。如果說伊斯蘭文化圈有屬於西方的馬格里布，那麼也要有東方的國度才對，該地區被稱為馬什里克 (Mashriq)[4]。

馬格里布不只具有地理上的西方意義，也反映著民族、文化上的概念。這個地區直到西元七世紀被阿拉伯人侵略之前，都是屬於當地原住民「柏柏爾人」(Berbers) 的土地。「柏柏爾」這個詞是「不使用希臘語或拉丁語」的意思，古希臘、羅馬人認為住在埃及西部的人們口中都說著難解的語言，而發音聽起來就像「Berber」（大概可以翻譯成「哇啦哇啦」的感覺），所以才幫他們取了這個名字。跟英文「野蠻人」(barbarian) 的語源相同，「柏柏爾」也同樣具有輕視的意味。然而，柏柏爾人則是自稱為「阿瑪濟」（Amazigh，單數型）或「伊瑪濟根」（Imazighen，複數型）自稱，這個字跟柏柏爾正好相反，具有「高貴的人」或「自由的人」等正面意義。馬格里布就是指這些柏柏爾人的居住地，也被用來稱呼他們的文化圈（儘管範圍沒有完全一致）。

柏柏爾人並不是單一民族，他們的祖先雖然也有人從事農耕，但大多數都是游牧民族。他們以部落單位四散在寬廣的北非地區生活，光是皮膚顏色就非常多元，從深褐到淺棕都有，只憑外貌很難產生「我們是一體」的認知。在東部被中東穆斯林侵略的七世紀之

4　馬什里克包含埃及、蘇丹、沙烏地阿拉伯、葉門、阿曼、科威特、阿拉伯聯合大公國、以色列、約旦、黎巴嫩、敘利亞、伊拉克等國家。

建造於十一世紀，柏柏爾人的要塞——摩洛哥艾本哈杜古城 (Aït Benhaddou)。

後，柏柏爾人便與阿拉伯人混居（除了住在險峻阿特拉斯山脈上的部落之外），使得他們的民族認同感變得更加模糊。使用柏柏爾語的人口，目前已知在摩洛哥和阿爾及利亞各剩下八百多萬人（聽說在全國人民都阿拉伯化的突尼西亞，幾乎很難找到使用柏柏爾語的人），但因為各地方言口音問題，彼此之間據說不易溝通，各地的風俗民情差異也非常大。不知是否因為如此，馬格里布的國家彼此之間關係不算很好。尤其摩洛哥和阿爾及利亞在 1976 年為日益嚴重的西撒哈拉問題 5 發生戰爭後，大小衝突接連不斷。1994 年，馬拉喀

5　1976 年，西撒哈拉脫離西班牙的殖民統治之後，被瓜分編入摩洛哥和茅利塔尼亞，部分反抗的居民發動了武力鬥爭，並獲得阿爾及利亞的支援，之後延燒成為

什的某間旅館發生了恐攻事件，摩洛哥懷疑背後主使是阿爾及利亞，
而阿爾及利亞甚至封鎖與摩洛哥相鄰的國境。在那之後過了二十餘
年，現在邊境仍然持續發生槍戰，情勢依舊非常緊張，兩國之間的
貿易也幾乎中斷。阿爾及利亞與突尼西亞也同樣因為領土爭議發生
過激烈衝突。掌握阿拉伯民族主義勢力的阿爾及利亞干涉突尼西亞
親西方的外交路線，也是兩國衝突的主因之一。

　　不過卻有一種食物，把這些關係如此險惡的國家通通拉在一起，
成為他們的共同分母──那就是庫斯庫斯。

摩洛哥與阿爾及利亞之間的戰爭。

　　因為庫斯庫斯是馬格里布原住民——柏柏爾人的傳統食物，因此對於承繼柏柏爾人血統的摩洛哥、阿爾及利亞和突尼西亞人而言，庫斯庫斯是他們共同的傳統食物。突尼西亞獨立運動人士，也是第一任總統的哈比布・布爾吉巴 (Habib Bourguiba)，也曾對馬格里布和馬什里克的地域區分表示「主食不吃白飯，而是吃庫斯庫斯的地方就是馬格里布」，並指定劃分界線的起點是利比亞東北部的港口城市德爾納 (Derna)[6]。庫斯庫斯在阿爾及利亞也會被稱為「達姆」(ta'am)，這個字在阿拉伯文中意為「食物」。也就是說，對於阿爾及利亞人來說，庫斯庫斯是一種足以代表所有食物的重要主食。就像我們會說「吃飯了嗎？」，但這「飯」不只是指白米飯，而是用來代稱每一餐所吃的所有食物一樣。

　　當然，各地用來製作庫斯庫斯的原料或作法都稍有不同，在橫貫馬格里布，將其劃為東西兩側的阿特拉斯山脈上，會用橡子粉或大麥粉取代粗粒小麥粉作成庫斯庫斯，也有用玉米粉製成的庫斯庫斯。以一種食材而言，庫斯庫斯的料理方式又更多元了，一般最常搭配羊肉和雞肉，但也可以依各地產物使用牛肉、魚類、兔肉、鵪鶉肉、鴿子肉等各式食材。撒哈拉沙漠一帶甚至會搭配駱駝食用，另外也有不加肉只放蔬菜的庫斯庫斯。身為一種歷史悠久的民族食物，料理庫斯庫斯的方式已經超越了地域差別，可說是每一個家庭

6　Phillip C. Naylor, *North Africa, Revised Edition: A History from Antiquity to the Present*, Texas: University of Texas Press, 2015.

都有自己獨到的烹煮方式。

庫斯庫斯在每個國家的味道當然也不一樣，如果同時去這些國家旅行，可以逐一比較各國不同的風味，想必會非常有趣。摩洛哥是在肉、魚類、蔬菜中加入番紅花、薑、肉桂、薑黃等香料，製作成傳統燉菜塔吉 (tajine) [7]，然後放在庫斯庫斯上享用。也會配著洋蔥、葡萄乾、蜂蜜、香料等翻炒而成的洋蔥葡萄乾醬「塔法亞」(Tfaya) 一起吃。阿爾及利亞的庫斯庫斯則大量加入蕪菁、南瓜、紅蘿蔔、黃豆等各種蔬菜，視覺上看來就很豐盛；跟其他國家比起來香料算是加得比較少的，但滋味辛辣。另一方面，突尼西亞則喜歡加入番茄糊，煮成紅通通的濃郁庫斯庫斯，而且他們喜歡吃辣，所以會加很多辣椒。餐桌上還會另外放一瓶哈里薩辣醬，可以根據個人口味增加辣度。而且突尼西亞北部和東部皆緊鄰地中海，是個豐富的漁場，因此使用各式各樣的魚類或海鮮，也是他們庫斯庫斯的一大特色。

這些馬格里布國家之間雖然關係不好，彼此的庫斯庫斯味道也不一樣，但他們也曾為了庫斯庫斯攜手合作。2019 年 3 月，摩洛哥、阿爾及利亞、突尼西亞、茅利塔尼亞等四個國家曾協議向聯合國教科文組織 (UNESCO) 申請，將庫斯庫斯共同登錄為世界非物質文化遺產。這個消息引起了許多關注，因為 2016 年，阿爾及利亞搶先單

7　塔吉有兩個意思，一是指馬格里布地區傳統的圓錐形鍋具，二則是被用來直接稱呼以塔吉鍋煮成的蒸式料理。

獨向聯合國教科文組織提出申請，曾在馬格里布國家之間引發「庫斯庫斯宗主國之戰」。阿爾及利亞公布之後，摩洛哥立刻提出抗議，而突尼西亞也站出來主張「我們才是真正的始祖」，各國矛盾漸深。最後這四個國家協議進行共同登錄，才為庫斯庫斯找回了和平。當時摩洛哥駐聯合國大使佐胡爾·阿魯伊 (Zohour Alaoui) 曾對此下了註解：「這是北非四國第一次以共同申請為目標彼此攜手合作。」突尼西亞駐聯合國大使加齊·格里拉里 (Ghazi Gherairi) 也在推特 (Twitter) 留下一句：「庫斯庫斯，北非聯合的催化劑。」他還在簽署協議的四位國家大使握手留念的照片文底下高呼「馬格里布萬歲」(Vive le Maghreb)。就像「乒乓外交[8]」或「板球外交[9]」一樣，把這一切比喻為「庫斯庫斯外交」也不為過啊！

庫斯庫斯最美味的吃法

在蒐集庫斯庫斯的資料時，我有了一次體驗庫斯庫斯真正滋味的機會。我受邀到首爾梨泰院的摩洛哥駐韓大使官邸，參加 Chafik Rachadi 大使夫妻主辦的晚餐派對，慶祝大使館職員升遷。摩洛哥人晚餐必備的庫斯庫斯，就是當天餐桌上的主角。

當天的用餐場地按照阿拉伯傳統樣式裝飾，在寬敞的接待室裡

---

8 指美國和中國因冷戰及韓戰外交僵持許久之時，尼克森政府和毛澤東政權在 1971 年安排美國桌球選手團訪問中國，作為改善外交的契機。

9 身為死對頭的印度及巴基斯坦，其領導人分別在 2005 年、2011 年一起觀看了板球比賽，緩解兩國氣氛。

採自助餐形式進行。平常很難品嘗到的摩洛哥傳統料理在桌上排成一列，其中巨大的白色塔吉鍋吸引了我的視線，打開鍋蓋一看，堆成尖尖小山的米黃色庫斯庫斯映入眼簾。尖端擺著鷹嘴豆、捲心菜、椰棗、栗子南瓜等食材，還淋了一點香料醬汁；下面則有一圈紅蘿蔔、南瓜等蔬菜切塊，豐盛的外觀看起來很美味。用來搭配庫斯庫斯的其他塔吉料理陣容同樣也非常豪華，有搭配醃橄欖的塔吉燉牛肉 (masala)、塔吉燉雞肉 (Djaj) 和塔吉燉魚 (samak)。除了塔吉之外還有加了海鮮或雞肉和杏仁的摩洛哥式餡餅 (pastilla)、包有鮭魚和菠菜作為內餡的青銅模製義大利麵 (trafilata al bronzo)[10] 等各式各樣傳統料理。

正當我想把庫斯庫斯裝進盤裡時，Rachadi 大使朝我走來。「我來告訴你庫斯庫斯最好吃的吃法」，之後他親手為我舀了位於最中央、最深處的庫斯庫斯，內側充分吸收了醬汁，又熱熱的，據說是最美味的部分。他還幫我舀了正中央充分吸收醬汁的捲心菜和鷹嘴豆。而從中間挖出、還冒著白煙的庫斯庫斯，就跟他說的一樣，滋味香醇美味，再配上塔吉一起享用可謂錦上添花。

派對上的摩洛哥食物，我因為好奇而每樣都拿了一點，雖然大部分都是第一次吃，但全部都很合我的胃口。尤其是塔吉燉牛肉吃起來很像韓式燉排骨，不僅肉質柔嫩，醬料也香氣四溢，真的非常適合跟庫斯庫斯一起享用。拌入起司醬汁的義大利麵吃起來鹹香味

10　一種以青銅模具壓製，呈中空圓筒狀或海螺形狀的義大利麵。

（上）很像韓式燉排骨的塔吉燉牛肉。

（下）摩洛哥傳統麵包 khobz。

（上）強調杏仁香濃滋味的摩洛哥式雞肉餡餅。

（下）沾滿醬汁的義大利麵。

濃，也很美味。如果肚子還有空間的話，再多吃點也不嫌多。官邸專聘的廚房長據說參加過料理競賽節目「Masterchef Mocorro」[11]，果然手藝不凡啊！

用餐時，我從大使館職員那裡聽到庫斯庫斯的故事。在摩洛哥，庫斯庫斯與其說是主食，其實更像是「星期五的食物」。星期五下午的禮拜結束之後，晚餐就會跟家人和親戚一起去吃庫斯庫斯。正好，大使官邸舉辦派對這天也是星期五晚上。像這樣發生值得慶祝的事，大家一起相聚的日子，或者節日、生日、婚禮等紀念日時，眾人必定會吃庫斯庫斯一起分享喜悅。所以庫斯庫斯對於摩洛哥人而言，就是會讓人想起愛和幸福等溫暖事物的食物。他們還說，摩洛哥的庫斯庫斯跟其他馬格里布國家的不同之處在於醬料口味較淡，可以品嘗到庫斯庫斯本身的風味。

晚餐結束之後就是甜點時間。甜點也採自助式取用，有放上水果的義式奶酪 (Panna cotta)[12]、摩洛哥米布丁等各種點心，都不會太甜，還保留著食材原本的香氣。等客人們的甜點盤差不多空了，薄荷茶便送上桌。薄荷茶是替摩洛哥晚餐畫下句點的重要飲料。或許因為這樣，薄荷茶是由主廚直接拿著茶壺在客人面前一一倒進杯子裡。我喝了一口，涼爽的薄荷香氣在口中化開，口氣頓時清新起來。但甜味沒有在此結束，搭配薄荷茶的點心也一起送上。雖然是甜的，

11　英國 BBC 電視臺於 1990 年起推出的料理競賽實境節目。

12　用鮮奶油、砂糖、香草、吉利丁等材料製成。

但甜度適中，不會令人無法接受。

我的腸胃容量漸漸到達極限，坐在我旁邊的書記官 Lalla Hind Idrissi Bourhanbour 卻說：「就算你飽了，也一定要嘗看看這個。」然後把點心盒拿給我，裡面滿滿裝著五顏六色，看起來像餃子形狀的點心。聽說是一種叫做「羚羊角」(Cornes de Gazelle) 的摩洛哥傳統點心，用杏仁粉混合砂糖製成，各種顏色裡加入玫瑰醬和多種不同口味的果醬，它的味道同樣也是別有洞天。口感則如馬卡龍般富有彈性的口感，加上香濃的杏仁和果醬香氣，越咬越有種幸福的感覺。

實際品嘗過後，可以確切感受到摩洛哥的飲食文化在味道、香氣、色澤、口感等各方面都很華麗。主要是因為當地的氣候和地形非常多元的關係。摩洛哥雖然人口比韓國少（約三千五百萬人），但面積卻是韓國的七倍[13]。在國土南北狹長的摩洛哥，當地景觀受到地中海氣候、大陸性氣候和沙漠氣候的影響，從浪花蕩漾的藍色大海到鬱鬱蒼蒼的綠色平原，還有滿是沙子和石頭的黃色沙漠[14]，甚至連下雪的白色山脈都能看見。他們在大西洋海岸邊栽種橄欖、柑橘、葡萄等地中海型農作物，雨量豐沛的西北地區種植小麥、大麥等穀物。在阿特拉斯山脈等高山地區，則有發達的高山農業。因為西邊是大西洋，東北邊有地中海，所以海產也非常豐富。摩洛哥的阿拉

13　譯註：約為臺灣的二十倍。

14　在摩洛哥國土內的撒哈拉沙漠中，比起沙更容易看到岩石，因此又被稱為岩漠，在當地則稱之為「Hamada」。

摩洛哥的傳統點心,用薄荷茶搭配甜香可口的點心。

（上）摩洛哥傳統餐前點心，為了幫助開胃，加入滿滿堅果，吃起來鹹香酥脆。

（下）口感類似馬卡龍，具有豐富香氣的迷人羚羊角。

伯文意為「西方」(almaghribi)，它在伊斯蘭文化圈西部的馬格里布國家之中，也位在最西邊，因此得名。這樣的地理條件使得此地的原住民柏柏爾人需和北方的歐洲人、東方的阿拉伯人及南方的非洲人交流甚至混居，摩洛哥因此與周邊許多民族有著相似的文化內涵，奠定其多元飲食文化發展的基礎。

另一方面，雖然因為摩洛哥距離韓國地理位置很遠，相對交流較少，但兩國從以前就一直維持著良好關係。Rachadi 大使說「韓國人是一群把戰爭廢墟變成世界經濟前十二名（以 GDP 水準而言）國家的人」，還說「身為一個外交官，有很多地方要跟韓國學習」。「摩洛哥家庭裡的電視、冷氣、冰箱很多都是韓國製造的，我們也用很多三星手機。最近也有很多年輕人喜歡韓劇或 K-POP 啊。韓國某知名汽車零件公司還在丹吉爾 (Tangier) 設廠，韓國企業也紛紛對摩洛哥進行投資事業。以後飛機可以直飛的話，我很期待兩國之間可以有更多交流。」

派對結束後，我在回家的路上決定下個旅行的目的地就是摩洛哥了。雖然的確因為跟大使聊天，讓我對摩洛哥更加好奇，但主要是因為不知不覺一直想起今天吃的摩洛哥庫斯庫斯、各種塔吉料理，還有傳統點心的味道，這趟美食之旅一定非去不可。

庫斯庫斯是怎麼作出來的呢

就像大部分的傳統食物一樣，關於是誰、從什麼時候、如何開始享用庫斯庫斯，並沒有留下明確的資料。考古學界得出的結論，

也只大略知道它是從古代流傳下來的柏柏爾人的食物而已。證據是西元前三世紀左右統治努米底亞 (Numidia) [15] 的馬西尼薩 (Massinissa) 國王墓中，曾經發掘出被推測用來製作庫斯庫斯的土器與石器。「庫斯庫斯」的語源來自柏柏爾語 seksu，意為「易滾動的」、「形狀渾圓的」，這一點也證明它是起源於柏柏爾人的食物。

　　當然，還有很多不同的見解。《洛杉磯時報》美食評論家 Charles Perry 表示，現代的庫斯庫斯要到八～九世紀才被開發出來，因為杜蘭小麥是阿拉伯人在七世紀侵略馬格里布後才傳入。除此之外，也有人提出庫斯庫斯起源於中世紀撒哈拉南部地區的蘇丹帝國 (Sudanic empires) 或是東非，甚至也有起源於西班牙的論點。庫斯庫斯在文獻上的初次登場，則是被十三世紀阿拉伯王國的西班牙人所記錄下來。當時伊比利半島的摩爾人寫了兩本料理書，其中由莫夕亞 (Murcia) [16] 美食家 Ibn Razin al-Tujibi 執筆的料理書 [17] 中便介紹了用杜蘭小麥粉製作庫斯庫斯的過程。也是一位著名詩人的他，把一粒粒小小的庫斯庫斯描寫成「螞蟻頭般的顆粒」。

15　馬西尼薩國王統一柏柏爾的數個游牧民部族，創建古代王國。他的領土涵蓋現在的突尼西亞與阿爾及利亞的地中海沿岸地區，是當時羅馬帝國的屬國。

16　位於西班牙東南部的城市。

17　《餐桌與至上佳餚帶來的喜悅》 (*Fadalat al-Khiwan fi Tayyibat al-Ta'am wa'l-Alwan*)，推測寫於 1239～1265 年間，是一本記錄了四百四十一道安達魯斯 （Al-Andalus，歐洲中古時代位於今伊比利半島的穆斯林國家）與柏柏爾食譜的料理書。

　　摩爾人是由改信伊斯蘭教的當地柏柏爾人和從中東來的阿拉伯人通婚後的混血民族。他們控制八世紀初期的伊比利半島，柏柏爾人的食物——庫斯庫斯可能也因此一同跨越了直布羅陀海峽來到伊比利半島。阿拉伯勢力雖然在 1492 年離開了伊比利半島，但當時的飲食文化仍然留存至今，今天的西班牙和葡萄牙人依舊喜愛各式各樣的庫斯庫斯料理。在大航海時代成為葡萄牙殖民地的巴西也一樣。西班牙人甚至在十五世紀時的殘酷宗教裁判[18]中，將庫斯庫斯視為異端食物，禁止人民享用。儘管如此，忠貞的信仰似乎還是難敵它獨特的風味。或許你會想，食物到底有什麼罪呢？不需要做得那麼絕

18　西班牙天主教信徒們於 1478 年建立宗教裁判所，殘忍地審判、懲罰異教徒。

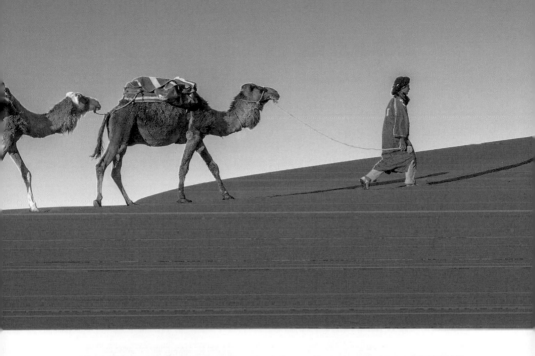

吧?但以教義嚴格而舉世聞名的耶穌會 (Societas Iesu) 在西班牙掌權時,食用異端料理是非常嚴重的事。甚至有一說是西班牙中、南部地區的代表料理米加斯 (Migas)[19],就是為了躲避當時對庫斯庫斯的宗教迫害所開發的替代食物[20]。

在離馬格里布東邊還有一大段距離的敘利亞,則在十三世紀的料理書中出現多達四種的庫斯庫斯食譜,其中之一是名為馬格里布

19　意為「碎屑」,將變硬難食的麵包泡在水中使其變軟弄碎後,再加入大蒜、青椒等用油翻炒。

20　Ken Albala, *Food Cultures of the World Encyclopedia*, Santa Barbara: ABC-CLIO, 2011.

風 (Maghribian) 的庫斯庫斯，反映出中東人也認為庫斯庫斯是馬格里布的傳統料理。延續著長久以來的傳統，今天的敘利亞、土耳其、埃及、伊拉克等馬什里克國家的人民，依然享用著庫斯庫斯的美味。雖然不像馬格里布的人把它當成主食或國民料理，但仍很常見，我第一次吃到庫斯庫斯也是在埃及。2007 年，我沿著尼日河從亞歷山大港 (Alexandria) 一直旅行到亞斯文，進行埃及南北縱貫之旅時，旅館的早餐自助餐總是有庫斯庫斯，我就把它當成白飯吃了很多。

　　歐洲的義大利南部西西里島，也是從很久以前就盛行庫斯庫斯料理的地方。因為摩爾人在 827 年占領西西里島建立伊斯蘭王國，一直統治到 1130 年。就像西班牙和葡萄牙一樣，當時傳入的庫斯庫斯飲食文化，一直被傳承到現在。西西里島每年還會舉辦十天的庫斯庫斯節，召集世界各國的庫斯庫斯廚師舉辦競賽，觀光人數高達數萬人，規模盛大。馬格里布的庫斯庫斯在西西里島上，也像傳統飲食般深入人民日常生活中。即使摩爾人已經從島上消失好久，十六世紀的義大利料理書[21]仍有介紹庫斯庫斯的食譜，從這點可以知道當時它就已經很有人氣了，在「斯庫斯」(Succussu) 的料理名下方列出了以下的詳細說明。

　　來準備這道叫做「斯庫斯」，以硬麥食物搭配各種不同食材的摩爾人風味料理。

21　Bartolomeo Scappi, *Opera. Dell'arte del cucinare*, 1570.

首先準備沒有臭味，徹底清除雜質的白色堅硬王國 (Regno)[22] 產小麥。將小麥粉過篩，每一磅過篩後的粗粒小麥粉搭配 6 盎司良質的麵粉，準備好後裝在其他罐中備用。將粗粒小麥粉撒在平寬的巨大木器上，用手掌混合。在粗粒小麥粉中倒入泡過些許番紅花的溫水，用小刷子完整翻攪，使粉類一點一點聚合，直到粉類都結成丸子狀，小麥粉變成黍子（高粱）般的小圓粒之前，不停重複這個過程。將這些丸子過篩後放入另一個比先前更寬、淺的木器中，靜置約一個半小時。等時間到了，在手掌抹上會散發出美妙香氣的甜杏仁油或橄欖油，輕輕均勻抹在丸子上，直到它們散發黍子般的光澤。將 6 磅厚實的牛肉切成半磅大小的塊狀後，放入陶鍋或錫鍋中，再放入 4 磅處理過的閹羊排骨、2 磅切薄片的鹽醃豬頸肉、1/4 隻閹雞，之後加水煮滾。

等肉快熟的時候放入金黃光澤的米蘭式臘腸 (saveloy)，再加入 1 盎司混合胡椒和肉桂的香料，及大量番紅花調味。蓋緊鍋蓋，等待所有食材燉煮完畢。肉熟透後將肉從湯中取出，另外保溫備用。肉湯過篩後再倒入開口很小的巨大陶鍋或銅鍋中。

22　在義大利文中意為「王國」，在此處應該是指十六世紀西西里島的拿坡里王國或西西里王國。

摩洛哥市集販售的各式各樣塔吉鍋。圓錐形的蓋子可以避免水分流失,幫助滾燙的蒸氣持續在鍋內流動,所以使用塔吉鍋,只要加一點水就能進行蒸煮。

準備另一個類似濾篩，中間有穿孔的鍋具（蒸籠），將丸子放進裡面。緊閉鍋蓋，避免空氣滲入，再把蒸籠放在裝有肉湯的鍋子上面。注意蒸籠要完全放入鍋中，不要碰到肉湯，因為碰到肉湯就沒辦法順利蒸煮了。接著黏上麵團，將整個鍋子完全密封。

把肉湯鍋子擺在火焰已經熄滅的煤炭上，用肉湯的蒸氣將丸子蒸熟，至少要蒸上兩個小時。都蒸完後要將蒸籠搬離湯鍋，之後打開鍋蓋，取出丸子。把顆粒倒在一開始使用的木器上，用手輕輕搓揉，讓它們凝聚在一起，變成一顆顆類似黍子的模樣。

這個過程結束後，準備平時用來盛裝西班牙燉菜 (olla podrida) 時用的寬盤 (platter)，放上同樣比例的肉和丸子，再把剩下的丸子放在肉上，一層層疊起。每層都撒上起司粉、砂糖和肉桂粉。裝好之後在肉湯中融入些許奶油，最後把它淋在料理上 [23]。

看看這份過度親切、長篇大論的食譜，首先，光是用粗粒小麥粉製作庫斯庫斯的步驟就快讓人窒息了。用手掌混合、用手指搓揉，

23　此處食譜參照英譯版本。 Bartolomeo Scappi, *The Opera of Bartolomeo Scappi (1570): L'arte Et Prudenza D'un Maestro Cuoco*, Toronto: University of Toronto Press, 2008.

真的是很費工夫，是一道必須盡心盡力才得以享用到的料理。而在馬格里布傳統社會中，是由女性負責料理。從前竟然把這種食物當成主食每天享用，讓人不禁為柏柏爾女性們發出一聲嘆息。但這樣的準備過程對她們而言，也是一種宣洩壓力的出口。她們每個禮拜會找一天跟家人或親朋好友聚在一起，圍坐一圈撒上滿坑滿谷的粗粒小麥粉，製作庫斯庫斯。眾人相聚自然而然就會有種過節或宴會的氣氛，會一起罵老公，分享一些在哪個市場買什麼東西比較便宜的情報，也會一起唱歌，一起跳舞。輩分小的就準備咖啡和零食，用來慰勞手痠腰疼的長輩們。只是不管怎麼說，長時間的勞動都很辛苦，卻也無法避免。

幸好，1953 年時發明製作庫斯庫斯的機器。多虧能夠大量生產，大大減輕了手工製作的辛勞。現在大部分馬格里布都會區的人，都是買超市的庫斯庫斯回家料理。用機械化程序為女性們開啟便利世界的是 Ferrero，這是一間法國的庫斯庫斯製造公司，由義大利裔法國人 Jean-Baptiste Ferrero 與 Anaïs 夫妻倆於 1907 年在阿爾及利亞設立。公司之後遷移至法國，Ferrero 的庫斯庫斯至今仍在法國製造，主要出口到伊斯蘭文化圈。不過，法國生產這件事聽起來有點莫名其妙。假如是被摩爾人占領過的西班牙、葡萄牙或西西里島還能理解，但為什麼庫斯庫斯是在法國生產甚至出口呢？

如前文所提，庫斯庫斯和法式料理是絕佳搭配，歐洲每年消費最多庫斯庫斯的國家就是法國。2018 年一整年的消費量達到十四萬三千噸，壓倒性的分量占據全歐洲的 43％。跟第二名的德國比起來

多了將近三倍。每人的年消費量也以二・二公斤拿下第一名，跟第二名的荷蘭比起來也多了將近三倍。而在法國作為主食的義大利麵，每人的年消費量是八・一公斤，相較之下庫斯庫斯的消費量竟然高到這種程度，真的非常驚人。法國人到底為什麼會這麼熱愛這道從非洲大陸跨海而來的料理呢？

來到美食國度──法國的殖民地異國料理

1534 年庫斯庫斯第一次被記錄在法國文獻中。法國文藝復興文學巨匠弗朗索瓦・拉伯雷 (François Rabelais) 的小說 《巨人傳》(*Gargantua: La Vie Inestimable du Grand Gargantua, Père de Pantagruel*)[24]中，將其稱為 coscosson 或 coscoton。作品中的主角卡岡都亞和他的兒子龐大固埃是巨人國的國王，就像他們龐大的身軀一般，他們的食慾也旺盛至極。每當有舉辦宮廷宴會的情節，書中就會非常仔細敘述食物的豐盛程度或巨人們用餐的場景。小說中的庫斯庫斯占據了王室餐桌的一角，作者用「以摩爾人風格製作的庫斯庫斯」、「數量龐大的庫斯庫斯，搭配豐盛的湯品」來敘述這道食物，讓人無法忽視它的存在。

在那之後過了大約一百年後的 1630 年， 庫斯庫斯在法國作家

24　一部描繪巨人國王卡岡都亞和龐大固埃父子成長冒險的小說，書中批判中古時期的宗教觀和思想，強調人類尊嚴與潛力的重要性，是文藝復興時期的重要文學作品之一。

Jean-Jacques Bouchard 的普羅旺斯 (Provence，法國東南部的舊地名)
飲食文化探訪記中再次登場。他寫道:「在土倫 (Toulon) 吃到烹調過
程中會膨脹許多，長得像小米般的穀物顆粒。那個地方的人們稱之
為 courcoussou。」[25] 又再過了兩百四十多年後，在大仲馬的作品《美
食大字典》 (*Grand Dictionnaire de Cuisine*, 1873) 中，庫斯庫斯也以
coussou coussou 之名再度登場。大仲馬對我們而言，雖是一位以《三
劍客》、《基度山恩仇記》等作品聞名的小說家，但他其實也是著名
的旅行家及美食家。《美食大字典》在大仲馬 1870 年過世後出版，
是一部展現大仲馬對飲食文化有獨到品味的作品。

　　不過被寫進書中，並不表示大眾普及度很高。首先，《巨人傳》
的作者推測是住在義大利羅馬時吃到庫斯庫斯後，才將其寫進作品
中[26]。當時在巴黎等法國的中心地區，還找不到庫斯庫斯的蹤跡。而
Jean-Jacques Bouchard 留下的紀錄，也很難作為庫斯庫斯已然扎根於
法國飲食文化的證據。位於法國東南部、地中海沿岸的港口城市土
倫，直到 1481 年才歸為法屬，是個距離巴黎的主流社會非常遙遠的
邊陲地帶，中世紀時經常遭受摩爾人侵略，而地理上又接近義大利，
因此很容易接觸到庫斯庫斯這樣食物。最後，出現在大仲馬《美食
大字典》中的庫斯庫斯，據說是他到馬格里布旅行時品嘗到的。正

25　Giovanni Rebora, *Culture of the Fork: A Brief History of Food in Europe*, New York: Columbia University Press, 2001.

26　Barbara Ketcham Wheaton, *Savoring the Past: The French Kitchen and Table from 1300 to 1789*, New York: Simon and Schuster, 2011.

如前文所述，大仲馬也是一位著名的旅行家，他曾在環遊馬格里布一周後，於 1848 年出版遊記。而庫斯庫斯正式進入法國飲食文化的時間點，則是在二十世紀之後，契機是法國對馬格里布的殖民統治。

法國展開帝國主義的時間相對較晚。西班牙在 1492 年登陸加勒比海諸島，葡萄牙在 1498 年抵達印度，開始進行海外殖民；而法國則是為了確保西邊的亞洲航線，於 1524 年派遣探險船。當時的國王法蘭索瓦一世將這個重責大任交給出身佛羅倫斯的航海家喬瓦尼・達韋拉扎諾 (Giovanni da Verrazzano)。穿越大西洋的達韋拉扎諾雖然未能成功抵達亞洲，但細探了北美洲東部海岸後光榮回歸。他也是第一個抵達今日紐約的歐洲人。之後，法國人雅克・卡蒂亞 (Jacques Cartier) 以此為基礎，1534 年成功在今天的加拿大領土紐芬蘭上陸。卡蒂亞沿著聖羅倫斯河深入內陸，占領了現在的魁北克一帶作為法國屬地。雖然之後加拿大成為英國的領土，但魁北克仍然居住著法國人的後裔，這也是為什麼他們仍繼續使用法語的原因。

雖然法國開拓的速度很快，但其殖民地經營策略並不順利。跟當時異軍突起的競爭者──荷蘭和英國相比之下，法國無論是航海技術或資金都遠遠不及他們。再加上法國國王們意圖干預歐洲內部的王位繼承戰，根本沒有餘裕妥善管轄海外的殖民地。一旦宗主國的支援有所不足，想前往殖民地生活的法國移民便頓時大減，人口減少則使宗主國的影響力弱化。雖然法國也曾熱衷於奴隸貿易（法國的奴隸貿易活動一直持續到 1819 年），但與英國的勢力競爭失利，也連帶影響法國的貿易權利受到削弱。另外，法國原依賴奴隸作為

勞動生產力，後來喪失奴隸貿易權也使法國的殖民地經營遭受重度打擊。

　　有關不人道的奴隸貿易，在歐洲，這種綁架非洲人作為奴隸使喚的行為從古代便行之有年。雖然中世紀時一度消失，但葡萄牙人在 1442 年將馬格里布的柏柏爾人綁回本國當成奴隸買賣，重啟了奴隸貿易。接著西班牙、英國、法國、荷蘭、丹麥等國家便展開狩獵黑奴的爭奪戰。這些國家以北美大陸與西印度諸島的農場主為對象，狂熱地經營著販奴生意，並拓展為大規模的貿易活動。無論如何，法國在連帝國主義初期的核心事業──奴隸貿易都遭遇困難的情況下，只得陸續將北美及印度的殖民地一一讓給英國。

　　法國再次加速發展帝國主義，是在拿破崙戰爭（1797～1815 年）之後的事。歷經法國大革命、共和制建立，拿破崙登基與征俄戰爭等政局上一連串的混亂後，法國便把目光放到了海外殖民地。法國的主要目標是馬格里布與中南半島。1830 年對阿爾及利亞的侵略，便是法國再次點燃帝國主義的信號彈。當時馬格里布脫離鄂圖曼帝國的長久統治，許多新興國家仍處於內政極不安定的情況。法國趁隙攻下阿爾及利亞的港口城市阿爾及爾 (Alger)，接著蠶食馬格里布。儘管各地人民紛紛極力抵抗，但畢竟不是國家等級的行動，實在無力阻擋法國的組織化軍事力。一再南下的法國一直侵占到阿特拉斯山脈一帶，於 1848 年併吞阿爾及利亞，並在 1881、1912 年先後將突尼西亞、摩洛哥歸為保護國。摩洛哥被分割成法國和西班牙的領土，也為現在馬格里布地區的主要紛爭──西撒哈拉領土爭議埋下

了種子。

　　為了永久統治馬格里布，法國獎勵歐洲人移民至此。他們強搶當地人的土地與資產，廉價出讓給從法國、義大利、西班牙、馬爾他等地來的白人。因此大多數的阿拉伯人和柏柏爾人被迫淪為貧民階層。最先受法國殖民的阿爾及利亞，在 1900 年面臨國內歐洲人數暴增，甚至占整體人口的六分之一。被稱呼為「黑腳」(Pieds-noirs)[27]的他們主要住在阿爾及利亞地中海沿岸的宜居城市，享受各種特權。前面提到的庫斯庫斯製造公司 Ferrero，也是阿爾及利亞黑腳所創立的公司。Ferrero 的例子也告訴我們，居住在馬格里布的法國人會自然而然接觸到當地的飲食文化和庫斯庫斯。他們往來殖民地與母國，將庫斯庫斯帶進法國的飲食文化，尤其最關鍵的契機是 1931 年在巴黎舉辦的「國際殖民展覽會」(Exposition Coloniale Internationale)。這是一個展示法國各殖民地的風俗文物，宣傳帝國主義國力強盛的活動，各殖民地的展示館都準備了能品嘗到當地傳統飲食的餐廳和茶館。登上馬格里布展館菜單的料理正是庫斯庫斯。無數位造訪這個活動的巴黎市民，在散發濃厚阿拉伯氣氛的餐廳裡試吃帶有獨特口感與風味的庫斯庫斯料理，得到很不一樣的體驗[28]。當然，活動本身帶有炫耀殖民統治的濃郁色彩，但對於讓庫斯庫斯這般陌生殖民

27　Pieds-Noirs 在法文中意為「黑腳」。主要指阿爾及利亞的法國等歐洲裔居民及猶太裔居民，也可把地域範圍擴大至整個馬格里布。馬格里布各國獨立之後，移居到法國的黑腳人口高達近一百六十萬人。

28　Thomas M. Conroy, *Food and Everyday Life*, Maryland: Lexington Books, 2014.

地的食物在法國飲食文化中心立足，這次活動是一個重要的場合。

馬格里布曾經歷第一次世界大戰與第二次世界大戰，促使民族主義和獨立運動興起，因為戰爭時法國都會承諾擴大自治權，促使屬國摩洛哥、突尼西亞、阿爾及利亞的軍人大量參戰，可是一旦勝利後卻瞬間改口，不僅出身馬格里布的軍人們沒有得到妥善的撫卹，殖民地的種族歧視也一如往昔。最終導致反法意識升高，各國的獨立運動轉為組織化，阿爾及利亞在 1954 年便以國內法軍為對象展開游擊戰，這場戰爭持續八年之久，法軍毫不留情地對獨立勢力採取鎮壓，導致一百五十萬阿爾及利亞人死亡的慘況。[29] 在如此壯烈的犧牲之下，阿爾及利亞終於在 1962 年實現獨立。另一方面，從 1920 年代開始，各地陸續發起武裝獨立抗爭。曾強烈抵抗法國和西班牙的摩洛哥，在法國對越南的第一次印度支那戰爭 (1946～1954 年) 及阿爾及利亞戰爭中全力應戰，終於在 1956 年透過協商，完成較為和平的獨立。突尼西亞則是在進行獨立運動的同時，也和法國維持和緩關係，在沒有過大衝突的情況下於 1956 年完成獨立。

馬格里布的三個國家脫離了法國殖民統治後，原本是這地區的統治階層兼上層階級的黑腳瞬間淪落為被拋棄的一群人。儘管黑腳出生、成長於馬格里布，但身為基督徒的歐洲裔白人、混血兒、猶太人等非穆斯林的他們，無法再受法軍庇護，處於性命垂危的情況。

29　根據法國統計，阿爾及利亞戰爭約造成四十萬阿爾及利亞人死亡，兩國之間差異甚大。

他們將人生的根基與財產全數拋下，逃亡歐洲。雖然第二次世界大戰結束後，移民去法國找工作的馬格里布人也達到數萬人，但 1950 年代到 1960 年代為止的獨立前後時期，人數又爆發性升高。1962～1964 年間前往法國的阿爾及利亞黑腳，人數高達近一百萬人。

難民之中也包含一部分穆斯林，他們就是在阿爾及利亞戰爭時，加入法軍的親法派軍人，稱為「哈基」（Harki，阿拉伯語「行動」之意）。哈基軍人們對於阿爾及利亞獨立軍而言是叛徒，所以也成為被屠殺的對象。事實上在獨立之後，有無數哈基軍人及他們的家人遭到殘忍的報復。哈基軍人被抓之後會立刻遭到殺害，妻子和女兒們則被獨立軍凌虐致死。成功躲過殺身之禍，驚險抵達法國的哈基軍人僅有九萬多人而已。由於當時法國政府迫切需要大量的廉價勞工，於是很快同意他們成為法國人。

對在新居所展開新生活的黑腳們而言，他們的故鄉是阿爾及利亞等馬格里布地區，而不是法國。他們在法國的農場、工廠、礦坑等地方辛苦工作、思念故鄉的時候，就聚在一起製作庫斯庫斯享用。也有人用一分一分攢下來的錢，在巴黎等大都市的外圍開設馬格里布傳統餐廳，而這些異邦人的食物——庫斯庫斯，便這樣在法國的土地上逐漸生根發芽。

跟移民一起扎根的食物

馬格里布往法國移民的人潮直到 1970 年代以後仍在持續。那些孤身一人跨海到法國，不辭辛勞終於安定下來的一家之主們，陸續

把留在本國的妻子和孩子們喚去一同團聚。馬格里布不安定的政局和經濟情況，同樣也讓百姓們下定決心與祖國告別。脫離殖民統治的國家通常有一個共通點，一旦帝國主義國家的強力管控消失，出身本土的政治人物或軍人便開始爭先恐後地奔向權力寶座。獨裁統治、政變、內戰等狀況加劇，導致經濟崩潰，下層階級的生活反而變得比殖民地時代更困難。

受殖民地教育的馬格里布穆斯林之中，有很多能說流暢法語的年輕人。這些人發揮了語言優勢，紛紛憑藉著法文能力找工作，然而，移民們並不受歡迎，白人們的種族歧視霸道至極，在法國四處可見因此而起的糾紛。九一一事件之後，隨著「阿拉伯人是恐怖分子」的印象逐漸擴散，狀況更加惡化。馬格里布人居住的貧民區，頻繁發生抗議此事的暴力示威。儘管如此，移民仍持續增加。現在法國的移民後代約有七百三十萬人口（移民人口約五百九十萬），阿爾及利亞 (15%)、摩洛哥 (11%) 與突尼西亞 (5%) 的移民數相加後，馬格里布人所占的比例達到了 31% 左右[30]。也有分析指出包含混血人口的馬格里布裔法國人已經達到六百萬人。與大幅上升的馬格里布移民人數一對照，就知道法國國內庫斯庫斯的銷售與消費會急速增加，也是理所當然的。

法國電影《家傳秘方》(*La graine et le mulet*) 就忠實呈現了上述

30　根據法國國家統計與經濟研究所 (Institut National de la Statistique et des Études Économiques, INSEE) 2017 年 2 月所發表之資料。

過程。這部電影是出身突尼西亞的阿布戴‧柯西胥 (Abdellatif Kechiche) 導演，以他身為法國移民第一代的父親（在工地打零工）作為範本所拍攝。主角是出身馬格里布的移民斯里曼‧貝吉 (Slimane Beiji)，他在法國的港城塞特 (Sète) 當了一輩子的造船廠工人，已經是六十歲的老骨頭，還拖著衰弱的身體拚命奮鬥，最終仍舊因為工作效率不佳遭到解雇。但他可沒空喘口氣好好休息，因為貝吉還得肩負離婚的前妻、雖然長大了卻仍不懂事的孩子們，以及現在跟他同居的女友和繼女，總共兩個家庭的生計才行。他跟前妻因為個性不合而分開，但由於前妻做的海鮮庫斯庫斯滋味一流，因此他不顧同居女友的反對，尋求前妻協助創業開餐廳。經歷了一番波折，最終獲得兩個家庭幫忙的貝吉，卻因為沒有足夠的錢買店面，只好將廢棄的貨船改造成餐廳，但是貸款給他的銀行，還有發給他營業許可的市政府職員總是心存懷疑。為了讓他們安心，貝吉決定舉辦新品試吃會，等客人們都抵達現場，用來裝重點料理的庫斯庫斯桶子居然不見了！……之後賺人熱淚的事件轉折，就請各位親自去看電影了。

　　2007 年上映的這部電影把貝吉的年紀設定為六十歲，既然是在年輕的時候跨海來到法國工作，他移民的時間點大概是四十年前的 1960 年代左右，就是馬格里布往法國的移民潮正興盛的時候。那些跟貝吉一樣，在法國一肩扛起危險工作的無數馬格里布人，都夢想著要努力存錢開一間庫斯庫斯餐廳當老闆。於是庫斯庫斯餐廳便以移民者們群居的大都市邊緣地區為中心，一間一間開始增加。就像

在韓國從事重度勞動工作存到錢的朝鮮族[31]，會選擇開羊肉串或麻辣燙餐廳一樣。

移民美食進入主流社會之前，有其發展的過程。一開始是憑食物一解鄉愁的移民們會吃，接下來則是愛好美食、口味開放，但錢包空空的年輕人來吃。原本就是以貧窮的移民為客群販售的食物，價格自然便宜。在口耳相傳之下，客群從平民開始擴散，隨著愛好者增加，傳播媒體開始喧騰起來的時候，連中產階級、上層階級都逐漸投以關注，便開始廣泛流行起來。生在都市外圍移民社區的店家，現在開始進軍市中心或繁華的商圈。就好比韓國的麻辣燙，幾年之前也只是在大林洞[32]後巷才能找得到的食物，但現在從江南中心到韓國各地，都能見到麻辣燙的蹤跡，高級飯店的餐廳菜單上也有，甚至開發出麻辣炸雞、麻辣泡麵、麻辣炒年糕等創意料理。

庫斯庫斯也同樣經歷這些過程，才在法國飲食文化占有一席之地。繼移民之後，巴黎的大學生和年輕的上班族成為庫斯庫斯的死忠粉絲。庫斯庫斯在巴黎市中心各處冒出的摩洛哥、阿爾及利亞、突尼西亞餐廳熱銷，並成為學校營養午餐的菜單。為了配合口味刁鑽的巴黎人，各餐廳也不斷推出新的法式組合。搭配肉丸和梅格茲香腸 (Merguez)[33]的「皇家庫斯庫斯」(Royal Couscous)，還有強調洋

31　譯註：「朝鮮族」一詞主要指來自中國東北的中國朝鮮族，他們的母語是朝鮮語，國籍則是中國，因為中、韓文皆通，許多人為了討生活會到南韓工作。

32　譯註：韓國首爾市永登浦區大林洞，是首爾朝鮮族的聚集地，有許多中國餐廳、小吃及雜貨店。

蔥和普羅旺斯香草風味的「普羅旺斯庫斯庫斯」便是其中最具代表性的菜色。因為口感清爽，庫斯庫斯也是一種受注目的沙拉材料，最常被用來搭配法國人熟悉的中東塔布勒沙拉 (taboulé)[34]。像這樣作為法式料理的新起之秀，庫斯庫斯還在 2006 年法國周刊《VSD》所進行的「最喜歡的食物」問卷調查中，擊敗各式正統法國料理登上第一名的寶座。這個調查裡有法國美食家們最引以為傲的卡酥來燉鍋 (cassoulet)[35]、馬賽魚湯 (bouillabaisse)[36]、紅酒燉牛肉 (boeuf bourgignon)[37] 等名聲響亮的傳統料理，都敗給庫斯庫斯。雖然《VSD》並非主流媒體，但因為是以美食發源地自居的法國人，連海外媒體都跟著報導這個消息。在頒布禁蒙面法等反穆斯林情緒升高的同時，人們對於庫斯庫斯的愛意依舊不曾冷卻。2011 年，法國美食雜誌《老饕日常生活》(*Vie Pratique Gourmand*) 的美食偏好度問卷調查中，庫斯庫斯也名列第三 (19%)。

33　馬格里布地區的人會於羊肉或牛肉中加入哈里薩辣醬、辣椒等醬料製成辣味香腸，在法國和中東很受歡迎。

34　混合番茄、巴西里、橄欖油、薄荷、檸檬汁等材料製成的酸香沙拉。黎巴嫩主要是搭配將發芽小麥蒸熟乾燥後弄碎而成的布格麥 (bulgur)，法國則可能受到馬格里布飲食文化影響，常用庫斯庫斯代替。

35　法國西南部朗格多克 (Languedoc) 地區的燉菜料理，以豬肉、香料、白扁豆等材料製成。

36　南法馬賽地區以魚類、海鮮燉煮而成的地中海式魚湯。

37　法國東部勃艮第地區的代表菜色，將牛肉、洋蔥、蘑菇等食材以紅酒燉煮入味的料理。

撼動法國政壇的「庫斯庫斯門」

　　既然庫斯庫斯是如此受到大眾喜愛的食物，跟它有關的逸事肯定不止一兩件。2017 年 9 月，法國政界因為庫斯庫斯發生了一件有趣的事。費洛里安・菲利波 (Florian Philippot) 是法國白人優越主義極右政黨──民族陣線（Front national，以下簡稱 FN，2018 年後改稱國民聯盟）的第二把交椅，也是黨副代表，他在一次聚餐場合吃了庫斯庫斯，引起 FN 支持者的憤怒。9 月 14 日，菲利波跟黨員們一起在法國東部史特拉斯堡 (Strasbourg) 的知名摩洛哥餐廳「雪赫拉莎德」(Scheherazade)[38] 用餐。出席的其中一人大概覺得美味的食物令人印象深刻，便在推特推文：「史特拉斯堡最棒的庫斯庫斯」，配上了一張眾人在餐廳拍的團體照，這就是事件的開端。

　　這則推文隨即引來 FN 支持者接二連三的批評：「庫斯庫斯是不愛國的食物」、「庫斯庫斯這道菜跟我們黨的形象不合」等等。實際上，照片中桌上只放著空盤子，甚至都不見庫斯庫斯的蹤影。似乎光是極右派人士提及馬格里布移民食物的名稱，就讓這些支持者怒火攻心。法國電視公司和報紙把這件事報導為「庫斯庫斯門」，而故事一波未平一波又起。庫斯庫斯門的標籤 (#couscousgate) 瞬間席捲法國的各大社群媒體。而對 FN 的反移民與種族歧視政策不滿已久的

38　譯註：波斯地區民間故事集《一千零一夜》（天方夜譚）中的虛構人物，也是故事的說書人。

庫斯庫斯也常被用來當作沙拉的材料，簡單淋上檸檬汁就能享用了。

左派，也嘲笑菲利波的舌頭和大腦不一致，連日進行猛烈攻擊。

不分左右派成為全民公敵的菲利波，決定採取正面迎擊。一間媒體造訪爭議的源頭雪赫拉莎德餐廳之後，刊登詳細的報導，而菲利波在推特上分享這篇報導，並理直氣壯地附上「推薦這間餐廳，很好吃又非常親切」的推文。但這個舉動卻是火上澆油，菲利波除了 FN 支持者之外，在黨內原本就樹敵甚多。他身為同性戀的事實，跟極右政黨反對同性結婚的保守價值觀並不相合。他也曾經強勢提出反歐盟主張，和該黨的議員發生衝突。而菲利波努力想淡化 FN 政黨明顯的種族歧視，拓展支持者層面的部分，也同樣引起極右派元老的反感。而這起庫斯庫斯門事件，則徹底激怒了 FN 黨魁瑪琳娜·勒龐 (Marine Le Pen)。

勒龐是個怎樣的人呢？她就是參拜過靖國神社，被人諷喻為瘋狂法西斯主義者讓–馬里·勒龐 (Jean-Marie Le Pen) 的女兒。繼承被法國媒體稱之為「惡魔」的父親，成為極右勢力黨魁的就是瑪琳娜·勒龐。目標是讓法國成為純白人國家的她，還曾因為種族歧視發言鬧上法庭。法國用帝國主義對殖民地犯下了何種惡行，其餘波讓過去殖民地的人們至今受到何種苦痛，她彷彿無深切感受，所以無法同理移民們只得逃往法國的窘迫；雖然會憤怒於伊斯蘭極端主義者們展開的無差別恐怖攻擊，卻對美國和歐洲在中東展開的慘忍戰爭未表達抗議立場。

於是可以想像對這樣的勒龐而言，黨的第二把交椅菲利波居然選擇象徵馬格里布的食物——庫斯庫斯，引起莫大風波，是絕對不

可接受的。再加上勒龐在同年 5 月的總統大選中以巨大差距輸給了無黨籍出身的艾曼紐・馬克宏 (Emmanuel Macron)，正處於受到政治打擊，迫切需要重整政黨的處境。菲利波受到黨內外的壓力，最終在 9 月 21 日決定退黨，距離庫斯庫斯門爆發不過一週而已。退黨當天，菲利波在電視專訪中表示「我是被趕走的」，毫不隱藏地透露出不滿。他還針對從骨子裡就是極右派，連吃庫斯庫斯這個行為本身都無法接受的那些人，指責 FN 是在回到過去使許多人陷入恐懼的黑暗時代。讓人不禁回想起五百多年前，西班牙耶穌會聲稱庫斯庫斯是異教徒食物，下令禁用的光景，究竟「寬容的」法國為何會走到這個地步呢？

　　當然，菲利波的退黨跟黨內糾紛等許多背景因素有關，但引起大眾熱議的庫斯庫斯門，絕對是最致命的一擊。如果那天沒有去雪赫拉莎德聚餐、沒有吃庫斯庫斯的話；如果那天黨員沒有在推特發文說吃了庫斯庫斯，可能菲利波還會留在 FN 也說不定，那麼法國的政治生態或許又會改變。雖然菲利波仍舊屬於二分法中的白人優越主義者，這是不爭的事實，但表面上他至少有努力想淡化 FN 給人的種族歧視印象。如此看來，說庫斯庫斯是撼動法國政界的食物也不為過。庫斯庫斯的魔幻滋味就像雪赫拉莎德的《一千零一夜》一般，一旦深陷其中就無法逃離，真是令人難以抗拒的食物呢！

2 | 羅宋湯，
    從烏克蘭到俄羅斯

2019 年 5 月 30 日，俄羅斯外交部的官方推特上燃起一場熊熊大火。那天，外交部的一篇公告引發了熱議。

> 永遠的經典！＃羅宋湯 Borsch [1] 是俄羅斯最有名、最受喜愛的食物之一。同樣也是我們傳統料理的象徵。有一説是 Borsch 這個名字源自於俄語的 borchevik （大豬草），據説 borchevik 在古代羅斯 (Rus) [2] 常被用來製作湯品。 #Delicious #yummy

俄羅斯外交部在發布這則推文的同時，還放上長兩分十七秒的羅宋湯料理影片。標題是「俄羅斯羅宋湯」(RUSSIAN BORSCH)。為的是行銷俄羅斯人最愛吃的湯品——羅宋湯。各位光看推文可能會歪著頭問：「哪裡有問題？」因為看起來就跟附上各式「好吃」標籤，讓人看得眼花撩亂的料理介紹文一樣。但不久之後，這則推特下面便出現一長串充滿憤怒的留言。

Ale〇〇〇 ：羅宋湯很明確是屬於烏克蘭的。莫斯科 （俄國政府） 的文化剽竊又來了。

1　此處直接引用俄羅斯外交部推特（以英文經營）的標籤，英語圈一般是寫成源於意第緒語（Yiddish，中歐、東歐的猶太人語言）的 borscht，但 borsch、borsht、bortsch 等拼法也在英文中被混用。烏克蘭及俄羅斯則寫成 борщ ，念法為 borshch。

2　今俄羅斯、烏克蘭、白俄羅斯等地的古地名。

Eur○○○：羅宋湯是烏克蘭料理。俄羅斯人自己不是有「白菜湯」(Shchi)[3] 嗎？味道吃起來像洗完羅宋湯盤子的水。

HAZ○○○：俄羅斯只有白菜湯，就是在尿裡加白菜的味道。

Vov○○○：第一，俄羅斯跟古代羅斯根本沒什麼關係；第二，烏克蘭人每隔一天就會吃羅宋湯，已經維持好幾百年了。隨便去問一個（俄羅斯的）普斯科夫 (Pskov) 或坦波夫 (Tambov)[4] 的農夫啊！看他們的老婆最後一次煮羅宋湯給他們吃是什麼時候？

Дід○○○：羅宋湯是自古以來住在烏克蘭土地上，至今仍生活於此的斯拉夫人國民料理。

Про○○○：羅宋湯是烏克蘭的傳統料理啊，才不是俄羅斯的！俄羅斯每次都想偷走跟烏克蘭有關的一切。

這些都是相較之下比較文雅的留言，還有更多更粗暴、激烈的發言。從推特內容就可以知道，主要抗議的都是烏克蘭人。一句「羅宋湯是俄羅斯傳統料理」的發言讓烏克蘭人集體暴走，羅宋湯究竟是什麼樣的料理，竟然惹出這樣的是非呢？

羅宋湯，是在牛肉（也會使用雞肉等其他肉類）高湯中加入甜菜根、洋蔥、馬鈴薯、紅蘿蔔、大蒜等各種蔬菜熬煮而成的湯。深紫紅色的甜菜根有著特殊的酸甜風味，且會讓湯頭呈現鮮豔的血紅

---

3 俄文寫作「щи」，用捲心菜煮成，口味清淡的俄羅斯傳統湯品。

4 普斯科夫是俄羅斯西北方的一州，坦波夫州位在俄羅斯西邊，距離烏克蘭很近。

羅宋湯最重要的食材就是甜菜根。俄羅斯傳統的「白菜湯」則不加甜菜，有著清澈的湯汁，從外觀看來也有顯著差異。

色，因此羅宋湯是道味覺及視覺上都給人強烈印象的料理。材料和料理方式依季節及地區不同有著天壤之別，至多可加入將近二十種材料製作。在烏克蘭一般會加入豬油燉煮至材料熟透，湯汁濃稠。有時候也會加入酸奶油，強調酸味和柔滑的滋味。羅宋湯一般是喝熱的，不過也有開胃用的羅宋冷湯。羅宋湯是東歐很受歡迎的湯品，尤其在烏克蘭被視為國民料理。不僅家庭日常會享用，在慶典、節日或婚喪喜慶時也是一道不可或缺的菜色，甚至被視為象徵烏克蘭文化與民族主義的代名詞。

在這樣的背景下，羅宋湯的發源地一般認為是烏克蘭。但因為沒有正式的歷史紀錄，也有別的國家搶著想要這道紅豔湯品的主權，

俄羅斯和波蘭就是其中的兩個代表。雖然不像烏克蘭人幾乎把羅宋湯當成主食，但這兩個國家的人民也時常煮羅宋湯。巧合的是，他們在歷史上都曾以武力支配烏克蘭很長一段時間，而且俄羅斯經常將羅宋湯介紹為本國的傳統料理，激怒了許多烏克蘭人。

烏克蘭人對俄羅斯外交部行銷羅宋湯事件發動攻勢之後，俄羅斯人也沒有坐以待斃，而是迅速展開回擊。他們以「80％ 的烏克蘭人本來就是俄羅斯人」之類的話反擊，關於羅宋湯的宗主國爭議，甚至掀起民族的根源問題。區區一則行銷食物的推特，居然引起兩國的國民起義，擴張成政治與歷史的問題，尖銳的唇槍舌戰延燒一時。讓人不禁聯想到 2011 年中國著手進行東北工程 5，將歌曲「阿里郎」登錄為自己國家的無形文化遺產時，中韓網友之間發生的留言對戰。雙方的反應之所以會如此激烈，箇中原因在於烏克蘭和俄羅斯的對立關係不僅僅停留在過去，還是現在進行式。爭議的推特留言也很清楚地呈現了這個事實。

Cep○○○：偷別人的東西然後堅持說原本就是自己的，俄羅斯人的本性在這裡被看得一清二楚了。克里米亞半島、羅宋湯，族繁不及備載。

dlm○○○：你們從烏克蘭搶走克里米亞半島就算了，現在連羅

5　譯註：全名為「東北邊疆歷史與現狀系列研究工程」，是中國於 2002 年開始進行的一項歷史研究項目，簡稱東北工程，主要研究古代中國疆域理論、東北地方史等。

宋湯都打算搶啊？

　　有很多留言都像上面這樣，把羅宋湯事件連結到克里米亞半島問題，提及俄羅斯的「偷竊」行為。講到烏克蘭跟俄羅斯之間的爭議，絕對少不了克里米亞半島問題。這也是重大的國際議題，烏克蘭南部向黑海突出的這個半島，目前在烏克蘭和俄羅斯之間仍存在激烈的領土紛爭。

　　克里米亞半島在政治上有著極為複雜的歷史，因為位處戰略要地，導致它自古就是周遭勢力爭搶的目標。希臘、羅馬帝國、欽察汗國（蒙古汗國）、熱內亞共和國（義大利）、鄂圖曼帝國等多個國家和民族都曾踏足這片土地。雖然克里米亞半島在 1783 年被併入由葉卡捷琳娜二世 (Catherine II) 所領導的俄羅斯帝國，但俄羅斯帝國和鄂圖曼帝國之間對克里米亞半島的攻防戰仍在持續。1854 年，想牽制俄羅斯的英、法兩國與鄂圖曼帝國組成了三國聯合軍隊，發動克里米亞戰爭，演變為國際性的衝突。俄羅斯因輸掉這場戰爭，使其對克里米亞半島的掌控大為衰減。1917 年，正值俄羅斯帝國因十月革命遭推翻之時，此地的韃靼人便建立了克里米亞人民共和國。但不到一個月，就被布爾什維克 6 要求接管，於 1921 年被編入蘇聯。

　　第二次世界大戰期間，史達林強制將克里米亞半島的韃靼人（占

6　譯註：布爾什維克 (Bolsheviks)，俄語意為「多數派」，是俄羅斯社會民主工黨中的一派，後改稱蘇聯共產黨，現因蘇聯解體而解散。

此照拍攝於烏克蘭基輔的獨立廣場 (Maidan Nezalezhnosti)，照片右側就是矗立在廣場上的獨立紀念碑，為 2001 年紀念烏克蘭獨立十周年時所建。

居民的大多數）流放至遙遠的西伯利亞或中亞，跟他對俄羅斯沿海地區的高麗人所做的事一模一樣。然後再把本國人民送到空蕩蕩的克里米亞半島上，藉以填補人口的空白。當時許多韃靼人（高麗人也一樣）都在搭上火車被驅逐出境途中因飢寒交迫失去性命。在這之後，克里米亞半島於 1954 年被劃入當時同屬蘇聯的烏克蘭。1991年蘇聯解體、烏克蘭獨立之時，克里米亞半島透過居民投票恢復自治，其後建立附屬於烏克蘭的自治共和國。然而 2004 年橘色革命[7]以後，親俄派與親西方派之間的論戰導致烏克蘭本國陷入了政治混亂，而這個地區的民意也一分為二。

於是 2014 年 3 月，在親烏克蘭的韃靼人杯葛之下，對於是否要加入俄羅斯，俄裔居民強制進行了公投。俄羅斯軍以贊成票占多數為理由占領烏克蘭軍的基地，掌控克里米亞半島。普丁 (Vladimir Putin) 總統隨即強制將這個區域併吞為俄羅斯領土。除了烏克蘭、美國及歐洲之外，甚至連聯合國也認定此舉違反國際法，並未予以承認，而俄羅斯則以此為由退出了八大工業國組織 (G8)[8]。俄羅斯無

7　2004 年，烏克蘭人民為聲討總統大選舞弊事件發生的抗議運動。當時親俄派的執政黨候選人以極小差距勝選，但由於選舉舞弊的證據層出不窮，親西方的候選人對此提出抗議，人民於是發起抗議，要求重選。當時選舉活動的代表色是橘色，因此這場社會運動被稱為「橘色革命」。橘色革命導致總統大選進行重選，結果以 8% 差距翻盤，實現了政權交替。

8　由身為世界經濟主導國的美國、英國、法國、德國、俄羅斯、義大利、加拿大、日本等八個國家所組成的國際高峰組織。俄羅斯退出後現為 G7，2019 年美國總統唐納‧川普曾建議俄羅斯回歸，但遭其他國家否決。

視這些抗議，在 2014 年 8 月派遣軍隊至頓涅茨克 (Donetsk) 等烏克蘭東部地區，藉以誇耀武力，也是一場實質上的入侵行動。

克里米亞半島從烏克蘭投奔俄羅斯後的 2014 年 3 月 16 日，各國的俄羅斯大使館附近出現各種示威。這天，英國倫敦的俄羅斯大使館前也聚集約兩千多人，一同譴責強制併吞。英文的標語牌上寫著「阻止普丁的帝國主義」、「俄羅斯軍隊滾出烏克蘭」等口號。其中有一句特別引起了媒體注意：「要做羅宋湯，不要作戰」 (Make borscht, not war.)，這句話是在致敬 1960 年代知名的美國反戰標語「要做愛，不要作戰」(Make love, not war.)。先不管發源地的爭議，羅宋湯確實是烏克蘭人和俄羅斯人共同喜愛的湯品。這個標語巧妙地融入此點，期許兩國的和平。很可惜現實事與願違，反而變成逗號和 not 都不見的「羅宋湯大戰」(Make borscht war.)。

羅宋湯不是俄羅斯料理，而是烏克蘭料理的原因

2019 年 8 月，在俄羅斯外交部的推特爆發「羅宋湯大戰」三個月後，輪到烏克蘭的國營電視臺 UATV [9] 在他們的官方 Youtube 頻道上傳新聞影片對戰。標題是「為什麼羅宋湯是烏克蘭料理，而不是俄羅斯料理」(Why Borsch Is Ukrainian, Not Russian.) 為了引起全球的

9　由烏克蘭國營通訊社 (Ukrinform) 所經營的二十四小時電視頻道，以全世界為對象播放烏克蘭相關消息與資訊，以五國語言（烏克蘭語、英語、俄羅斯語、阿拉伯語、克里米亞半島韃靼語）播出。

同感，影片不只加上英文配音，介紹中還指出「不管俄羅斯再怎麼努力想奪走它，羅宋湯仍是在烏克蘭歷史中深深紮根的文化傳統料理」。對俄羅斯外交部來了一個正面回擊。

「烏克蘭的羅宋湯常被誤稱為俄羅斯湯品，然而事實完全不是這樣。」

影片始於記者堅決的發言，接著烏克蘭民族學家 Olha Porytska 出現，開始說明羅宋湯的悠久歷史。她強調，烏克蘭人從約一千一百年前的古國基輔羅斯 (Kievan Rus)[10] 時期，就已經開始烹調羅宋湯享用。而羅宋湯的名字出自於原本作為這道湯品主材料的大豬草 (hogweed)[11] 的斯拉夫古語 borchevik，這點則跟俄羅斯外交部意見一致。可以推知，這道湯品發明初期應該是以大豬草為主要食材。當然，那時的羅宋湯不管味道或外觀，大概都跟現在非常不同。現代羅宋湯的主要材料——甜菜根，在烏克蘭是從十～十一世紀開始栽培的，而使用洋蔥和番茄增加風味的羅宋湯，則是進入十九世紀才形成。

但其實不只是羅宋湯，基輔羅斯在歷史上也是俄羅斯的發源地。

10　也被稱作基輔公國。

11　高度可長到一‧八公尺，原產於歐洲、亞洲的植物，因為具有少許毒性，觸碰到的話可能引起搔癢等症狀。

烏克蘭於 2005 年發行的郵票，羅宋湯和其食材組成的照片非常有趣。

俄羅斯的歷史是從維京人奧列格 (Oleg) 由北歐南下，在 882 年占領基輔（Kiev，現烏克蘭首都）一帶而展開。雖然是異族的征服者，但他跟原本居住在這塊土地上的東斯拉夫部族一起建立了基輔羅斯。「羅斯」(Rus) 在古諾斯語 (Old Norse) 中意為「划槳之人」，也就是維京人的意思，這個名稱也用來稱呼東斯拉夫民族及其文化。988年，基輔羅斯的統治者弗拉基米爾 (Volodymyr) 大公尊希臘正教為國教，使這個國家被編入歐洲。同時西里爾 (Cyrillic) 字母的普及與早期的俄羅斯文化也逐漸形成。

　　進入十一世紀，基輔羅斯的廣大領土涵蓋現在的烏克蘭、白俄羅斯、波蘭東部以及俄羅斯西部（包含莫斯科）等地區，相當繁盛。但王族之間的鬥爭使國力逐漸衰退，1240 年，基輔羅斯因蒙古侵略導致徹底滅國。十四世紀以後，以基輔為首的烏克蘭一帶，被波蘭、立陶宛以及蒙古的欽察汗國瓜分占據。在這過程中，基輔成了廢墟，逃亡的羅斯人有部分遷移到邊陲的莫斯科定居。莫斯科以協助蒙古

作為交換，取得自治權，繼續維持安定局勢，因此得以取代基輔，躋身為新的羅斯文化重心。

莫斯科的羅斯人在養精蓄銳後建立莫斯科大公國，於十五世紀推翻蒙古勢力。莫斯科大公國的擴張並沒有就此打住，繼續成長為「羅斯的」國家——「俄羅斯帝國」(Russia)。這時羅斯的語言和文化，分裂成以莫斯科為中心的俄羅斯、第聶伯河上游的白俄羅斯，以及第聶伯河中游的小俄羅斯（今烏克蘭），各自走向不同的道路。身處異鄉，心也會變得遙遠。隨著彼此的互動變少，各地羅斯人的語言和生活方式都逐漸改變，雖然他們的確算是同根生的兄弟，可惜彼此之間卻演變成比其他國家更交惡，水火不容的關係。

受到波蘭和立陶宛領主虐待的烏克蘭農奴，從十五世紀末起陸續逃離農莊，群聚形成名為「哥薩克」(Cossack) 的武裝組織。為了對抗波蘭，他們在 1648 年展開大規模的獨立鬥爭，並向同源的俄羅斯請求支援，終於在於 1667 年獲得自治。然而這又是另一個不幸的開始。俄羅斯皇帝後來背棄保障哥薩克自治權的約定，烏克蘭最終淪為巨大俄羅斯帝國的一部分。十九世紀以後，隨著烏克蘭的民族主義情勢升高，俄羅斯帝國開始強行實施同化政策，希望阻止獨立運動萌芽。當然，暴力鎮壓也在所不辭。

俄羅斯對烏克蘭的蠻橫行徑達到極盛之時，是在蘇聯時期。1932～1933 年，獨裁的史達林在組織集體農莊的過程中，肆意施行嚴重的掠奪和導致饑荒的經濟政策。只要農民們拒絕加入集體農莊，史達林就會強制徵收他們的家畜或穀物。史達林在烏克蘭人們飢貧

交迫之時將搶來的食糧出口到西方，並將換來的錢用在武器生產上。這場烏克蘭大饑荒 (Holodomor) [12] 造成四百萬到一千萬烏克蘭人喪命。反抗的知識人、學生、居民全都遭到槍殺。城市的大馬路旁排列著成堆飢餓致死的人乾。其餘忍受不了飢餓的部分居民甚至殺害年幼的孩子或路人，吃人肉果腹，其慘狀讓人毛骨悚然，難以想像。在如此煉獄之中存活下來的人，也紛紛逃離到美國等海外，導致烏克蘭人口銳減。

蘇聯解體後，烏克蘭雖然得以獨立，但兩國的關係並未見和緩。不只有克里米亞半島被強占的問題，烏克蘭東部的俄羅斯裔居民還組成反叛軍主張獨立，開始與烏克蘭政府對抗。俄羅斯則站出來支援叛軍勢力，烏克蘭和俄羅斯等於已經進入開戰狀態。2014 年以後，因為這場戰爭喪命的人數超過一萬四千人。2019 年 12 月，雖然兩國首腦幾乎達成協議停戰，成功交換人質，但戰爭的氣息依舊濃厚。「羅宋湯宗主國大戰」之所以重新爆發，看來是烏克蘭人民在不幸的歷史中持續積累的反俄情緒沸騰所導致。

UATV 在羅宋湯新聞的最後強調，雖然波蘭、白俄羅斯、土耳其等許多鄰國都非常喜愛這道湯品，還用符合他們各自口味的方式詮釋羅宋湯，但羅宋湯是烏克蘭人歷經數百年所創造出來的料理，此為不變的事實。當然，最後也不忘來一記回馬槍——「這樣的寶物似乎在莫斯科之類的地方被稱為『俄羅斯湯』，意圖宣稱是屬於他

12　烏克蘭語中，「holod」意為飢餓，「mor」則是趕盡殺絕的意思。

們的文化遺產。」

萌芽的民族主義與羅宋湯

1795 年，波蘭－立陶宛聯邦遭到瓜分、國家滅亡[13]。這個原本占據東歐廣闊土地，甚至包括烏克蘭西部的國家消失，連帶使烏克蘭的命運受到巨大震盪。雖然聶伯河以東地區早已在俄羅斯的影響範圍之下，但一除去波蘭這個競爭者，狀況隨即更加惡化。俄羅斯蠶食了烏克蘭大部分的地區，正式開始殖民活動。隨著東歐的政治情勢劇變，烏克蘭人在兩個帝國的殖民支配下深受其害，占人口約 80% 的東部人民屬俄羅斯皇帝管轄，剩下 20% 位在加利西亞 (Galicia) 等西部地區的人民，則被劃入哈布斯堡帝國之內[14]。

掌管烏克蘭大部分土地的俄羅斯帝國，便想要徹底抹滅這個地區的民族色彩，期待若能將烏克蘭人完全同化成俄羅斯人，就能掐斷獨立的幼苗，更方便管理人民了。首先在十八世紀，惡名昭彰的恐怖女皇葉卡捷琳娜二世[15]便早早將烏克蘭東部人民變成農奴。因為大多數人受限於農奴身分，幾乎沒有受過高等教育，使得烏克蘭人的民族意識難以形成。接下來俄羅斯則把手伸向了宗教，打壓原本在這個地區廣布的東儀天主教會[16]，試圖讓信徒改信俄羅斯正教會。

13　俄羅斯、普魯士、哈布斯堡帝國在 1772 年、1793 年、1795 年分三階段實施了領土分割。

14　Orest Subtelny, *Ukraine: A History*, Toronto: University of Toronto Press, 2000.

15　1762 年與軍隊勾結，罷黜身為俄羅斯皇帝的丈夫，並自任女皇的一位獨裁君主。

葉卡捷琳娜二世死後，俄羅斯也繼續以這種方式執行民族與文化的抹滅政策。

十九世紀以後，俄羅斯史學界硬生生從俄羅斯史的起源中刪去了烏克蘭歷史，將其降級為部族史，以「烏克蘭一帶雖然因蒙古的韃靼人和波蘭的支配導致分裂，但烏克蘭原本是俄羅斯一部分」的觀點教導學生。烏克蘭之所以會有「小俄羅斯」的蔑稱，其中也隱含著這樣的意圖。到了 1863 年，俄羅斯甚至下令禁止發行烏克蘭語的出版物，法律明文規定烏克蘭語的朗讀活動或演講屬於違法行為。當然，教導烏克蘭語的行為也是禁止的。讓人不禁想起日本帝國試圖抹殺韓文，作為 1940 年代皇民化政策一環的朝鮮語學會事件。

另一方面，由哈布斯堡帝國所治理的加利西亞，對於文化與教育的壓制相對較寬鬆，仍舊可以持續出版烏克蘭語書籍，俄羅斯則連進口這些出版物都禁止。但要在短時間內讓悠久歷史的民族語言和傳統文化消失，並不是件容易的事。俄羅斯帝國治下的烏克蘭，也因此得以保留烏克蘭語，而語言是烏克蘭不同於俄羅斯的民族認同感象徵，也就是民族主義的重心所在。

然而遭受如此迫害的烏克蘭語言史上，有一本非常重要的書。那就是出身俄羅斯治下的波爾塔瓦 (Poltava) 的作家伊凡‧科特利亞列夫斯基 (Ivan Kotlyarevsky)，在 1798 年發行的《艾尼亞斯記》

---

16 位於烏克蘭西部地區的基督教承認俄羅斯正教與教皇的威權，但遵守希臘正教的儀式與習慣。

Georges Becker，〈亞歷山大三世與瑪麗亞‧費奧多羅芙娜皇后加冕儀式〉(1888)。

(Eneida)[17]。《艾尼亞斯記》是以基輔一帶的方言所寫成的敘事詩,為第一部所有內容皆以烏克蘭語寫成的文學作品。當時的烏克蘭是使用俄羅斯文作為記述文字。儘管烏克蘭語是當地居民日常溝通用的語言,但在長久歲月中只被視為一種口語,不受重視。打破這個框架,寫下純烏克蘭語的文學作品,為現代烏克蘭語開啟了語言和文學大門的人,就是科特利亞列夫斯基。此舉彷彿寫下了「國之語音,異乎俄國」一般,是跟朝鮮的《訓民正音》一樣具指標意義的作品。其中以擊退波蘭的哥薩克戰士為主角的故事,同樣也得到有助於烏克蘭民族主義形成的評價。

在《艾尼亞斯記》中也出現羅宋湯的蹤影,場景是哥薩克戰士們的宴會:

> 人們嘗著山珍海味度過時光。
> 有糖漬水果、各種珍貴的點心,
> 有盛滿器皿的小麥甜餡餅 (dumpling)、
> 填滿魚子醬的蓬鬆麵包捲,
> 有大蒜、羅宋湯和酸菜 (sauerkraut),
> 有菇類,有放上莓果的蛋糕,

17　是對西元前 20 年左右,羅馬詩人維吉爾 (Virgil) 以特洛伊英雄艾尼亞斯作為主角寫成的敘事詩作《艾尼亞斯記》(*Aeneid*) 的仿作。作家將原作中出現的特洛伊英雄們換成札波羅結哥薩克 (Zaporozihian Cossacks,烏克蘭東南部地區的哥薩克集團,是哥薩克的起源) 陳述整個故事。

　　這兒還擱著搭配濃醇格瓦斯 (Kvass)[18] 的白煮蛋，

　　還有外國廚子們巧妙添上風味的美味雞蛋捲，

　　而人們用這一切吃食佐酒，痛飲啤酒一番。

　　羅宋湯一開始是貧窮烏克蘭農奴的簡樸食物。他們將野獸的骨頭、田裡的蔬菜，手上能抓到的所有材料都丟進大鍋裡，倒入大量的水熬煮成分量充足的湯。羅宋湯原本是很多人圍坐著一起分食的食物，但《艾尼亞斯記》中，羅宋湯卻出現在華麗的宴會餐桌上，作為山珍海味之一登場。由此可知，羅宋湯早在十八世紀末就已經在烏克蘭飲食文化中立足，是一道備受重視的美食。然而讓羅宋湯成功階級躍升的地方，並不只有烏克蘭，俄羅斯也是。

加冕儀式的國宴菜：沙皇羅宋湯

　　1883 年 5 月 27 日，莫斯科克里姆林宮 (Kremlin)。亞歷山大三世 (Aleksandr III) 和皇后瑪麗亞・費奧多羅芙娜 (Maria Feodorovna) 緩緩步入用黃金色梁柱和十七世紀風格濕壁畫 (Fresco) 裝飾得無比華麗的多稜宮。這天剛結束加冕儀式的夫婦兩人，和來自世界各國的貴賓一起參加慶祝宴會，準備為超過十天的加冕儀式慶典畫下句點，莫斯科大劇院合唱團正在演出，宴會廳裡雄壯地迴響著柴可夫斯基為此作曲的「莫斯科清唱劇」。掌控世上最寬敞土地之主的皇帝

18　以黑麥發酵而成的東歐傳統酒精飲料。

和皇后並排坐在巨大王座，一邊宣示權威一邊享受宴會。皇帝的弟弟們及皇室貴族親自為皇帝與皇后分食，侍候他們用餐。以十種料理組成的正式套餐，第一道料理是羅宋湯和法式清湯 (consommé)[19]。原本烏克蘭農奴用來充飢的羅宋湯，卻一躍登上俄羅斯帝國最盛大的官方典禮。

羅宋湯材料	捲心菜 1/2 或 1/4 顆 紅蘿蔔 2 根 洋蔥 2 顆 馬鈴薯 4～5 顆 （大小適中） 肉類高湯 2 公升 （牛、雞、鴨肉等）	預先蒸熟的甜菜根 2～3 個 （或 番 茄 糊 [tomato paste] 4 小匙） 巴西里 芫荽籽
高湯材料	切成塊狀的肉 2 公斤 （牛肉、雞肉、鴨肉等） 洋蔥 2 顆 大蒜 4～5 瓣	巴西里 1 把 紅蘿蔔 2 根 西洋芹 100 公克
料理方式	・將捲心菜切碎。 ・馬鈴薯切塊，洋蔥切成方便入口的大小、紅蘿蔔切絲備用。 ・在煮滾的高湯中放入切好的捲心菜，再次煮滾。	

19　Richard S. Wortman, *Scenarios of Power: Myth and Ceremony in Russian Monarchy from Peter the Great to the Abdication of Nicholas II*, New Jersey: Princeton University Press, 2006.

・將紅蘿蔔絲和洋蔥放入倒有油的平底鍋翻炒。 ・甜菜根磨成泥，加入平底鍋中，稍微大火翻炒，再倒入高湯仔細熬煮九十分鐘左右。 ・依個人喜好加入酸奶油、辣根、芥末等調味料享用。

　　這並非值得驚訝的事，羅宋湯是最受俄羅斯皇室喜愛的料理之一。當然，不同於農奴們吃的那種簡易料理，而是花六～七小時細細燉煮牛肉、雞肉、鴨肉等食材熬出高湯，做出符合皇室等級的高級羅宋湯。這道羅宋湯被稱為「Tsarsky Borsch」(царский борщ)，也就是沙皇（Tsar，俄羅斯皇帝）的羅宋湯。料理方式如上表。

　　以皇室料理而言算相對樸素的沙皇羅宋湯，後來透過十九世紀被俄羅斯皇室聘用的法國廚師們傳到美食國度——法國，在西歐也享有盛名。建起龐大帝國，影響歐洲、亞洲發展的羅曼諾夫王朝，不僅享盡榮華富貴，在吃食上也毫不吝於揮霍。因此沙皇奢華的飲食文化也曾反向傳播到法國，使用多種高級材料製成套餐料理的「haute cuisine」(意為高級料理)就是其代表之一。法國王室與上層階級原本是全數擺好所有食物再一起享用的。然而，曾任亞歷山大一世主廚的法國廚師馬利安東尼‧卡瑞蒙 (Marie-Antoine Careme) 把以套餐方式上菜避免料理冷掉的俄羅斯皇室飲食文化帶回了法國，就成為現在的「haute cuisine」。沙皇羅宋湯也是如此傳播到整個西歐。尤其是被稱為「廚師之王」的傳奇法國主廚奧古斯都‧愛斯克菲爾 (Georges Auguste Escoffier)，更是傾倒於這道紅豔的湯品。

　　愛斯克菲爾曾於 1890 年擔任倫敦薩伏伊飯店 (Savoy Hotel) 的總主廚，享譽國際。身為當時的大英帝國首都，倫敦的地位無與倫比。以現代而言，就像位在世界經濟中心的紐約。來自各國的企業家、貴族在此一擲千金，花錢如流水。雖然現在也同樣豪華，但當時上層階級在倫敦投宿的超奢華飯店，正是薩伏伊飯店。因此薩伏伊飯店的法國餐廳，自然是站在世界飲食文化的最頂端。愛斯克菲爾在這裡推出許多新潮的高級料理，受到全球美食家的盛讚。裡面也有參考俄羅斯皇室料理的菜色，沙皇羅宋湯便是其中之一。就像亞歷山大三世的加冕宴會一樣，愛斯克菲爾也將以法式風格重新詮

亞歷山大三世加冕宴會的菜單，第一道料理便是羅宋湯。

釋的羅宋濃湯 Potage Bortch 作為套餐的第一道餐點[20]。

　　沙皇羅宋湯最後一次登上俄羅斯皇帝加冕儀式是在 1896 年 5 月，羅曼諾夫王朝最後的繼承者——尼古拉二世 (Nicholas II) 加冕時。這位平常就極度奢侈浪費的皇帝，在加冕儀式上也大肆鋪張，擺了一席比父親亞歷山大三世更豪奢的盛宴。雖然他優柔寡斷的個性並不適合作為一個龐大帝國的皇帝，但身為跟父親一樣的專制君王，為了彰顯威權，尼古拉二世選擇過度鋪張。連續二十天舉辦奢侈的慶祝活動，加冕儀式的正式宴會足足有七千多名海內外的貴賓出席。宴會中包含皇帝平常就很喜歡的羅宋湯、皮羅什基（Piroschki，內有肉餡的俄式餡餅）、清蒸魚、白醬燴雞料理、蘆筍、冰淇淋等餐點。

　　不只克里姆林宮內舉行宴會招待貴賓，宮外也為了展現皇帝的慈悲，特地另外為市民設宴。但這下了事情可鬧大了。加冕儀式四天後的 5 月 30 日，在莫斯科霍登卡廣場 (Khodynka Field) 舉辦的這場宴會，預定要提供市民們麵包、紀念杯、香腸、啤酒、點心等作為禮物。為了得到這些贈禮，人潮在活動的數日之前便早早湧入。宴會當天，禮物不足的傳聞一傳開，就有大約十萬人為了進入會場開始在入口推擠，場面混亂至極。官方統計約有一千三百八十九人被壓死，甚至有紀錄指出實際死亡數字超過四千人。據說聽到消息

20　Luke Barr, *Ritz and Escoffier: The Hotelier, The Chef, and the Rise of the Leisure Class*, New York: Clarkson Potter, 2018.

的尼古拉二世認為這是「不吉的徵兆」，連日活在恐懼之中。

那麼，這果然是惡魔的啟示嗎？尼古拉二世統治的俄羅斯帝國充斥著暴力與悲鳴的痕跡。悲劇的起點不是別人，正是朝鮮。尼古拉二世從很早就開始異常熱衷於亞洲的殖民，在他仍是皇太子的1891年，便巡訪中國、印度和日本，以及他回國後提議興建連接莫斯科與遠東地區的西伯利亞橫貫鐵路，都是出自這個理由。他的夢想是以朝鮮為跳板，將帝國影響力擴及中國、西藏、波斯（伊朗）等地區。但他遇到一個絆腳石：亞洲的新興帝國主義國家——日本也虎視眈眈地想將朝鮮納入殖民地。兩國針對朝鮮問題相爭不下，最終導致日俄戰爭（1904～1905年）爆發。

尼古拉二世的應戰準備華而不實，另一方面，日軍動員所有戰力，接連擊敗俄軍。戰爭中不斷落敗的消息一傳回俄羅斯，「怎麼可能會輸給日本」的屈辱感引發民怨，對於不符合時代潮流之專制政治的不滿，一口氣全部爆發，各地紛紛展開要求保障勞工與農民權益的抗議示威。1905年1月22日，皇帝的軍隊在俄羅斯帝國的首都聖彼得堡(Saint Petersburg)，對正進行和平示威的勞工們發動武力鎮壓，這便是犧牲人數超過百人以上的「血腥星期日」事件。暴力鎮壓使情況更加惡化，擴散為全國規模的各式罷工與集會遊行，之後延燒為第一次俄羅斯革命。

在這樣的氣氛下，1905年6月，軍中甚至發生了動亂。停泊於黑海的俄羅斯戰艦波坦金(Potjómkin)號的海軍們殺死艦長、將領等幹部，在船上掛起象徵無產階級革命的紅旗。然而這起震撼的事件

卻是因為羅宋湯而爆發的。當時波坦金號普通士兵的日常伙食包括牛肉羅宋湯，一個士兵在廚房目睹加進羅宋湯的牛肉已經長滿蛆蟲，於是把這件事告訴同伴，然而船內的軍醫卻表示只要把蛆清掉，肉仍然可以食用，硬是持續供應「蛆肉羅宋湯」。幾位海軍士兵開始拒食羅宋湯，一位將官強迫他們立刻吃掉，甚至在情緒激動下當場用槍射殺其中一人。這件事使得所有海軍士兵群起反抗，是為「波坦金號起義」。

雖然起義後來失敗，但因「蛆肉羅宋湯」引發的這起事件，對於布爾什維克的後續活動有很大的刺激。此事成為列寧判斷要使革命成功，就必須引進軍隊力量的決定性原因。1917 年 3 月，俄羅斯爆發二月革命，將尼古拉二世從王位上拉了下來。延續三百餘年的羅曼諾夫王朝就這樣迎來終末。而悲劇並未就此結束。1918 年 7 月，被遣送至西伯利亞的皇帝、皇后、皇太子和四位公主一家人，在葉卡捷琳堡 (Yekaterinburg) 某個陰暗的地下室遭到布爾什維克革命分子槍殺。甚至為了不被其他人認出屍體，革命成員將被射成蜂窩的皇帝一家人剝光衣服，潑上硫酸使屍體融化。最後在殘破不堪的屍體上淋上石油，火燒殆盡。

星期日的料理

我試著在網路上搜尋「烏克蘭」，相關搜尋字詞出現了「美女」，甚至還找到「在烏克蘭，連金泰希[21]都在田裡鋤草……」這種讓人又氣又好笑的爛哏。跟龐大的美女資訊相較之下，關於烏克蘭的說明

資訊完全不足，只能說烏克蘭和韓國之間的交流實在太薄弱了。烏克蘭在韓國 2018 年的出口國排名僅列第七十五名，進口國則是第五十九名。烏克蘭 1991 年從蘇聯獨立之後，受到內政持續混亂及腐敗權貴的影響，國家經濟成長遲緩。2018 年的國內生產毛額 (GDP) 是一三〇八億美元，世界排名第五十七位。

　　但是烏克蘭在歐洲國土面積排名第二，是僅次於俄羅斯的大國（韓國的六倍）[22]，人口高達四千四百萬人。具有豐富的鐵礦、鈾礦、錳礦、天然氣、原油等天然資源，也具有發展天文航空、核能等最頂尖的技術。除此之外，烏克蘭甚至被稱為「歐洲的麵包籃」，是知名的穀倉地區，農業相當發達。國土內幾乎沒有山地，95% 都是平原，可耕地區的面積達到 80%。無邊無際的肥沃石灰質黑土，無論種植什麼作物都能順利生長。烏克蘭也是世界知名的小麥產地，這點從上半部是藍色、下半部是黃色的烏克蘭國旗配色也看得出來，這兩種顏色各自象徵天空和黃澄澄的麥田。烏克蘭的穀物出口量排名，小麥占世界第六名，玉米和大麥占世界第四。

　　多虧有如此豐富的食材，烏克蘭因此擁有豐饒的飲食文化。但對亞洲人而言，烏克蘭料理基本上是相當陌生的。對羅宋湯這個名字其實不甚熟悉，就算有聽過料理名稱，也很多人會誤以為它是俄羅斯的傳統料理。不過，我聽說首爾有一間能品嘗到羅宋湯的烏克

21　譯著：韓國知名女星，以天然美顏著稱。

22　譯註：約為臺灣的二十倍。

蘭餐廳，於是前去蠶室[23]的「Tripillia」餐廳一探究竟。我在這裡訪問了來自基輔的 Yurii Kovryzhenko 主廚，和駐韓烏克蘭大使館的 Yaroslava Velyka 書記官，針對羅宋湯做了一番討論。

　　我：聽說羅宋湯是烏克蘭的國民料理，不過明明還有很多傳統菜色，為什麼會特別指定羅宋湯為國民料理呢？

　　Kovryzhenko：嗯，那我也問同樣的問題好了。為什麼泡菜是韓國的國民食物呢？

　　我：啊，那我知道是什麼意思了。泡菜在韓國飲食中算是命運般的食物呢，不需要多作說明也……

　　Kovryzhenko：對吧？一樣的道理。如果說韓國是泡菜的話，烏克蘭就是羅宋湯。如同無法想像韓國飲食裡沒有泡菜一樣，沒有羅宋湯的烏克蘭飲食就沒有意義了。羅宋湯可以說是烏克蘭美食之王。

　　Velyka：也不要忘記羅宋湯是對身體很好的超級食物喔，就像泡菜一樣。

　　Kovryzhenko：沒錯。因為加了很多肉類和蔬菜，是營養非常豐富的湯。烏克蘭人每天都透過喝羅宋湯得到一整天的活力，我覺得那是羅宋湯之所以成為國民料理的重要原因。而且羅宋湯也是跟烏克蘭歷史文化緊緊相連的食物。在 1917 年俄國革命之前，烏克蘭人都是大家庭型態。一個家庭裡有九～十人是常有的事。這麼多家庭

23　譯著：韓國首爾的觀光特區，熱門景點有樂天世界、奧林匹克公園等。

成員要一起吃飯的話，一頓飯就需要相當大量的食物對吧？以前烏克蘭的媽媽們都會用巨大的鐵鍋煮上一大鍋羅宋湯，可說是最適合大家族一起分食的料理了。

Velyka：雖然不像以前分量那麼多，但現在的羅宋湯也是一次煮大分量，然後可以慢慢享用的料理。時間經過越久味道越濃郁，風味會更加厚實。我來韓國以後常常自己煮羅宋湯，隔夜的羅宋湯會變得更好喝喔！

我：跟韓國人吃泡菜鍋或牛骨湯的方式很像呢！

Kovryzhenko：沒錯。羅宋湯不是煮了以後馬上喝，而是前一天會先做好擺著。入味以後味道和顏色都會變得更加濃郁。羅宋湯的味道有三個 S（酸味 [Sour]、甜味 [Sweet]、鹹味 [Salty]），重點是要使這三個味道同時達到調和。最近常使用番茄糊強調酸味，但烏克蘭引進番茄是在十九世紀末之後的事。在那之前會用發酵過的甜菜根增添酸味。無論如何，羅宋湯要經過適度熟成，才能散發特有的酸香滋味。

我：兩位小時候媽媽煮的羅宋湯味道怎麼樣呢？

Kovryzhenko：在烏克蘭，星期日是家人團聚的日子。爺爺、奶奶、父母親、兄弟姊妹，還有親戚們都會圍坐在一起吃飯，我記得只要一到星期日，媽媽就會用大鍋子煮上滿滿一鍋的羅宋湯。就像剛剛說的，星期日一次煮一大鍋，之後的每一餐就可以簡單加熱後享用。我小時候還是蘇聯時期，物資原本就不夠，平常連肉都很難看到，頂多只能買到一點點骨頭。但雞肉勉強買得到，所以從前媽

媽煮給我們喝的幾乎都是雞肉羅宋湯。

我：您當上主廚之後煮的羅宋湯，有什麼特別的地方嗎？

Kovryzhenko：雖然不能公開我的祕方（笑），但我會加李子乾。我在烏克蘭北部長大，那邊的鄉下會加入李子乾。其實烏克蘭的羅宋湯料理法超過兩百多種，因為會加入每個地方的特產或者那個地區的傳統食材。比方波爾塔瓦等中部地區，煮羅宋湯的時候就會加入 halushka（外形像餛飩或包餡米糰的傳統食物）。

我：您提到 halushka，在韓國我們會用湯拌飯，或搭配麵類食用。因為鹹香的湯和清淡的白飯、麵條很搭，可以達到味道的平衡。羅宋湯的三個重點味道中也包含鹹味，感覺還是需要碳水化合物來搭配，您認為呢？

Kovryzhenko：會配麵包啊。一直到白麵包還很珍貴的二十世紀末，都還常用湯配著黑麥做的黑麵包一起吃。烏克蘭還有專門用來搭配羅宋湯的麵包，叫做 pampushka。這種麵包會拿來沾大蒜、蒔蘿跟油做成的醬汁，再搭配羅宋湯一起享用。烏克蘭人非常喜歡大蒜，跟韓國人的口味有共通之處。

Velyka：說到調和羅宋湯的味道，就不能漏掉豬油。它可以讓湯滋味更香醇，口感更加溫順。

Kovryzhenko：沒錯，烏克蘭人很常在湯裡加豬油，啊，我爺爺也會把生洋蔥像蘋果一樣切成一塊塊，配著羅宋湯一起吃。

我：那也跟韓國很像耶！去吃泥鰍湯或血腸湯的時候，韓國店家也常會送上切好的生洋蔥當成小菜，喝下濃郁湯頭之後可以讓口

長得像小餐包 (bun) 的這個小麵包就是 pampushka。傳統上是烘烤後享用的麵包，但有時候也會炸過之後再吃。

中感覺更清爽，特別是老一輩的人喜歡用生洋蔥沾著大醬吃。

不知不覺太陽已然西斜，Kovryzhenko 主廚嘴上說著「食物不要用講的，直接吃才最容易懂」，一邊走進廚房。過了一陣子，他手裡端著親自烹調的烏克蘭傳統羅宋湯走出來。雖然是有點早的晚餐，但在潔白瓷盤中閃耀著甜菜根紅豔色澤的湯，非常刺激食慾。

羅宋湯最重要的材料——甜菜根被切成細絲，和高湯一起經過長時間熬煮，使口感更加溫潤。試著咀嚼看看，發現它隱約帶著特有的酸香滋味。不愧是歷史悠久的國民料理，豬油和肉汁高湯所散發出的濃香，跟捲心菜和紅蘿蔔等豐富蔬菜熬出的鮮味相互調和，使湯頭滋味變得濃郁無比。雖然酸味強烈，但同時也帶有適度的甜。就像是用熟透的泡菜長時間燉煮，不辣而鮮美濃郁的燉鍋或燉菜一般。熱熱的湯最適合用來解酒了。Velyka 書記官一邊說「只要一吃羅宋湯，就會有暫時回到故鄉的感覺，變得非常幸福」，臉上滿是微笑。雖然不是烏克蘭人，但可能我也對酸香美味的湯頭毫不陌生，所以同樣也一口接著一口。這是一道只要嚐下一口，就會忍不住埋頭猛吃，容易讓人上癮的湯品。我們一下子就把碗裡的湯吃得見底，接著繼續關於羅宋湯的對話。

我：不知道這個話題會不會有點敏感，俄羅斯或波蘭不是也主張羅宋湯是他們自己的傳統料理嗎？我很好奇您身為一個烏克蘭主廚，對於羅宋湯發源地的爭議有什麼想法。

Kovryzhenko 主廚端上來的羅宋湯。還有搭配羅宋湯的黑麥麵包、洋蔥,以及大蒜抹醬。

Kovryzhenko：首先，波蘭的羅宋湯跟烏克蘭傳統的羅宋湯很不一樣。他們不會放捲心菜或番茄，還是使用發酵過的甜菜根。名字也不一樣，他們的湯叫做 barszcz；味道和口感也不同，他們的很酸。在烏克蘭有一句話是說 「做得好的羅宋湯， 放進湯匙的時候不會動」，其實要做出濃稠的口感才對。但波蘭的 barszcz 很稀，水分很多，比較接近清湯的型態。至於俄羅斯，是絕對不曾擁有過羅宋湯文化的。（他用了「NEVER!」用力強調。）只是因為蘇聯時期，聯邦的所有代表料理都被強制歸類為 「蘇聯的美食」 (gastronomy of Soviet Union) 罷了。

Velyka：再補充一點，過去蘇聯這個共同體的本質，是由許多文化共同組成的。蘇聯政府把各聯邦共和國美味、健康、風格獨特的山珍海味集結起來，作為蘇聯飲食文化的一部分。羅宋湯也是這樣被塑造為蘇聯傳統料理。

Kovryzhenko：比方說亞塞拜然的抓飯（plov，鋪上肉類等食材享用的米飯料理）、喬治亞的烤肉串 (Shashlik)，提到俄羅斯的傳統湯品，有用發酵的捲心菜煮成的白菜湯啊。羅宋湯是跟俄羅斯毫無關係的食物。就算他們從俄羅斯帝國時代就開始吃羅宋湯，也只是從當時身為屬地的烏克蘭引進羅宋湯文化而已， 不能說是俄羅斯的傳統料理。就算俄羅斯沙皇吃了法國廚師料理的鵝肝，也不能就把它定義成俄羅斯料理對吧？

我：聽完你的說明，又重新感受到羅宋湯對於烏克蘭人而言是值得自豪的偉大食物。可惜的是，韓國似乎有很多人都把羅宋湯當

成俄羅斯料理。因為造訪俄羅斯的韓國觀光客人數持續成長的關係吧？海參崴離韓國很近，所以常被電視介紹，最近是很熱門的觀光地區。大概是去俄羅斯旅行的觀光客很多人都以為羅宋湯是那邊的傳統料理，才會產生誤會。

Velyka：俄羅斯的烏克蘭人真的很多，海參崴也是。我想韓國觀光客們吃到羅宋湯的地方大概也不是俄羅斯傳統餐廳，而是賣烏克蘭料理的餐廳吧。

Kovryzhenko：想要好好品味羅宋湯的話，就要喝加了豐富豬油、大蒜和洋蔥的湯，再搭配麵包享用才行。那才是烏克蘭羅宋湯真正的味道喔。

　　關於羅宋湯的討論就到這邊告一段落，但我們的對話仍沒有中斷。既然提到食物，我們就順便分享羅宋湯以外的各種食物故事。而且烏克蘭飲食文化跟韓國有特別相似之處，讓人很感興趣。

　　Kovryzhenko：來韓國吃到韓國料理，就感覺韓國跟烏克蘭的飲食文化有很相似的部分，非常有趣，但我們明明是距離很遙遠的兩個國家。最典型的就是將蔬菜發酵之後長期食用的文化。

Velyka：就跟韓國的泡菜一樣，烏克蘭也有將捲心菜發酵之後製成的醃菜。

Kovryzhenko：小黃瓜、番茄之類的，我奶奶幾乎會把所有蔬果都做成醃漬蔬果享用，甚至西瓜也會喔。

Velyka：西瓜？我雖然是烏克蘭人，但到目前為止也都沒有吃過耶……

Kovryzhenko：就是家庭料理啊，我很常吃。李子也會醃來吃。

我：講到各種蔬菜的發酵儲藏食品，跟韓國的泡菜一樣呢。除了白菜泡菜之外也有蔥泡菜、蘿蔔苗泡菜、芥菜泡菜、蘿蔔泡菜、小黃瓜泡菜等，可以做成泡菜的蔬菜種類數也數不清。你們的醃漬蔬菜味道也跟泡菜很像嗎？

Kovryzhenko：沒有，我們不用辣椒粉，所以不會辣。比起酸味，反而是甜味比較重。我奶奶做的醃捲心菜還常常加蘋果呢！蘋果的甜味在發酵過程中會直接附著在捲心菜上。啊，還有一種跟粥很像的食物，雖然有些也會用米煮，但主要是加燕麥、玉米等烏克蘭產量豐富的穀類，細細熬煮之後品嘗它柔滑的口感。

Velyka：我來到韓國吃了南瓜粥，被嚇一大跳。因為烏克蘭也有很類似的食物。

我：南瓜粥嗎？我也很喜歡南瓜粥耶，很想知道烏克蘭的南瓜粥吃起來是什麼味道？

Velyka：味道很接近，但口感不太一樣。韓國的南瓜粥水分很多，比較像濃湯。烏克蘭的南瓜粥米粒和南瓜的口感更明顯。

我：湯呢？湯在韓國料理中真的非常重要。我們有各種用肉、海鮮或蔬菜熬煮成的湯類料理。

Kovryzhenko：排骨湯味道最棒了！泡菜鍋也很好吃，不過烏克蘭有一種用醃漬捲心菜煮的，叫做 kapusniak 的酸菜湯，味道很類

一整桌的烏克蘭傳統菜色。紅色的羅宋湯（右中）下方是 kapuśniak 酸菜湯和 pampushka 麵包，左邊是烏克蘭風的馬鈴薯煎餅 deruni。羅宋湯上方形似水餃的 varenyky，是加入捲心菜、肉、菇類、茅屋起司、馬鈴薯等食材製成。

似。我媽煮的時候常會在那種湯裡加入煙燻的豬排骨。

可惜的是，Tripillia 餐廳已經不再販售羅宋湯了。因為新型冠狀病毒擴散的關係，餐飲業的經營狀況非常嚴峻，Kovryzhenko 主廚決定離職回國。而接任的主廚在構思新菜單的時候刪掉了羅宋湯。回想那天和 Kovryzhenko 主廚熱烈談論食物的對話，又想到以後不能再見面了，讓人不禁格外想念羅宋湯酸香的滋味。

永無止境的羅宋湯戰爭

俄羅斯外交部推特爆發「羅宋湯大戰」大概一個月前的 2019 年 4 月 25 日，俄羅斯海參崴俄羅斯島 (Russky Island) 的遠東聯邦大學，吸引了全世界的目光。俄羅斯總統普丁和北韓領導人金正恩在此召開他們第一次的首腦會談。這次會談之所以引人注目，並不只是因為北韓的首席當權者跨越了國境。此前兩個月，2019 年 2 月美國和北韓在越南河內 (Hanoi) 進行的首腦會談以「沒有協議」(No deal) 平淡地結束，而圍繞著核武問題的北韓，其下一步行動仍處於畫上問號的情況。河內會談之後，金正恩採取的第一個外交行動便是與俄羅斯的首腦會談，這場會議理所當然成為注目的焦點。

兩國首腦沒有選擇另外發表共同協議或共同聲明，對於正遭受制裁的北韓經濟，俄羅斯也沒有承諾具體的支援項目。會談結束後，只有普丁召開記者會表示「北韓的國家安全及其主權需要被保障」，僅止於如此基本的表態而已。對於兩國首腦會談的成果，絕大多數

的意見都指出這是繼六方會談破局後，被排除的俄羅斯再次獲得介入朝鮮半島政治情勢的機會。站在北韓的立場上，雖然重建了因河內會談而遭受打擊的外交印象，並向美國提出警告，但似乎並未得到原本期待的結果。或許正因如此，金正恩當時取消了部分原定行程，提早返回北韓。

無論如何，整體而言這次會談的氣氛並不差，會談結束之後，兩位首腦一同享用晚宴，一邊欣賞俄羅斯傳統舞蹈演出，一邊享用豪華的晚餐。菜單有豐富的肉類、蔬菜和海鮮，有魚子醬俄羅斯餃子 (pelmeni)、鹿肉、蟹肉沙拉、淋上蒔蘿醬汁的鱈魚排、搭配烤茄子的牛肉料理等等。其中還包含烏克蘭的國民料理——羅宋湯。當然，當時是以俄羅斯傳統湯品的身分上桌。

晚宴開始前，俄羅斯濱海邊疆區行政長官奧列格·科熱米亞科 (Oleg Kozhemyako) 在接受俄羅斯塔斯社 (TASS) 專訪，他表示「晚宴將提供羅宋湯、俄羅斯餃子等簡樸的料理，都是由正統俄羅斯傳統食物組成」，特別強調料理的「俄羅斯正統性」。或許因為如此，各國媒體的報導中都把羅宋湯介紹為俄羅斯的傳統湯品。而俄羅斯政府究竟是不是因為羅宋湯發源地的爭議，才刻意在晚宴菜單中加入羅宋湯，則不得而知。無論他們的意圖如何，俄羅斯政府的確利用了全球關注的首腦會談，傳遞「羅宋湯是俄羅斯傳統湯品」的訊息。烏克蘭人想必十分氣惱。

然而羅宋湯名列高峰會的菜單之中，已經不是第一次了。2018年 5 月，普丁和馬克宏在俄羅斯聖彼得堡有過一次會談，當時供應

羅宋冷湯，也有報導指出餐點皆為俄羅斯傳統食物。還有 2014 年的俄羅斯冬季奧運上，羅宋湯亦作為「俄羅斯國手料理」出場。大約在開幕的三周前，奧運委員會表示會提供選手村二十六萬五千公升的羅宋湯，引發熱議。他們的目的是向全世界昭告「俄羅斯的味道」。這場第一次在俄羅斯舉辦的冬季奧運會，與其說是世界的運動盛會，不如說是藉由長久以來集權成為全能「沙皇」的普丁，用來誇耀自己政績的活動。普丁不僅在 2007 年國際奧林匹克委員會 (IOC) 選定主辦地時，親自到投票會議地點（瓜地馬拉）發表宣傳演說，申辦冬季奧運後，又好幾次造訪選手們親自給予激勵。或許是眼看普丁如此積極，身為主辦國的俄羅斯為了提高金牌數爆發許多爭議事件。不尋常的評審結果頻頻出現，選手們的禁藥醜聞也四處風傳。奧運競技場以及交通基礎建設的龐大企業利益，都被普丁的親信全盤接受，陷入腐敗的貪汙疑雲。所以把烏克蘭和俄羅斯之間的政治爭議食物——羅宋湯端出來作為「俄羅斯傳統料理」，根本小事一樁而已。

　　或許仍舊在意全世界的目光，2014 年俄羅斯吞併克里米亞半島是在索契冬季奧運結束後才發生。然而早在奧運開始前，烏克蘭抗議俄羅斯干涉內政的集會遊行便如火如荼地展開。參加反普丁集會遊行的烏克蘭人民，也是邊吃著主辦單位提供的羅宋湯邊討論下一步。雖然是用相似食材煮出來的羅宋湯，但在俄羅斯奧運會場和烏克蘭集會現場的兩道湯品，味道想必截然不同。不同於兩國之間的暫時休戰，羅宋湯的宗主國大戰，應該會成為一場激烈的持久戰。

3

咖哩，
從印度到英國

　　一部 2017 年在英國上映的電影引發了爭議。電影的名稱是《女王與知己》(*Victoria & Abdul*)，導演是曾執導《黛妃與女皇》(2006年)、《遲來的守護者》(2013 年)、《走音天后》(2016 年) 等多部真實故事改編電影的史蒂芬‧佛瑞爾斯。而這部以帝國主義時代的英國皇室為背景，描繪維多利亞女王和她的印度隨從之間特別友情的電影，同樣也有真實故事作為基礎。

　　故事大致如下 (如果不想被劇透的話請跳過這部分)：1887 年，英屬印度帝國 (British Raj) 的穆斯林青年阿卜杜勒‧卡里姆 (Abdul Karim) 接下了一個任務，他被派至英國，要為六十八歲時迎來即位五十周年的維多利亞女王獻上紀念幣，作為印度的賀禮。阿卜杜勒在宴會中盡心服侍，並親吻了女王的腳，女王後來將他聘為個人隨從。如此相遇的兩人跨越國境、身分及年齡，逐漸積累出深厚的友誼。獲得大英帝國君主充分信任的阿卜杜勒，之後超越隨從身分，成為向女王教授印度與伊斯蘭文化的「導師」(Munshi)。女王甚至會與阿卜杜勒商議國家政事。雖然包括王儲在內，女王的子嗣們及總理等周圍的人都拚命想分化兩人，但維多利亞女王將這些阻攔一律視為反抗或種族歧視，依舊對阿卜杜勒寄予厚愛。時光飛逝，女王臨死前擔心阿卜杜勒會在自己死後受到迫害，於是勸他回到印度，但阿卜杜勒直到最後一刻，都守在女王身邊。1901 年，維多利亞女王以八十二歲高齡過世，而繼任成為國王的愛德華七世隨即突襲阿卜杜勒的自宅，將那裡跟女王有關的所有痕跡全數沒收，火燒殆盡。英國社會當時種族歧視相當嚴重，女王和出身殖民地的印度隨從建

立深厚關係，並在精神生活上受到許多影響這件事，被視為皇室和
國家之恥。之後，阿卜杜勒和家人一起被趕回印度。電影的最後一
幕，結束在他造訪家鄉附近的維多利亞女王銅像，親吻銅像足部的
畫面。

　　《女王與知己》這部電影，光看票房成績並不差，但它的作品
價值卻備受批評。除了結構鬆散和欠缺說服力的角色設定之外，也
有過度美化帝國主義的嫌疑。總之，這部電影其實另有原作，是印
度作家斯班妮‧巴殊 (Shrabani Basu) 所寫的同名書籍（2010 年）。巴
殊之所以能重新拼湊出英國皇室拚命想抹滅的阿卜杜勒的存在，都
多虧咖哩這道提起印度就直接聯想到的食物。巴殊於 1999 年在英國
出版了探討咖哩歷史的書《皇冠上的咖哩》(Curry in the Crown)，在
寫這本書的採訪過程中，她發現維多利亞女王非常愛吃咖哩，而女
王吃的咖哩其實都是由一個名叫卡里姆的印度隨從所料理。巴殊在
這之後造訪了曾是維多利亞女王避暑夏宮的奧斯本莊園，看見卡里
姆身穿華麗衣著，站得威風凜凜的肖像畫，不禁覺得困惑。因為怎
麼看都覺得這是貴族的風采，很難相信畫中人只是位下人。為了一
解疑惑，她進一步探究下去，發現卡里姆並不只是女王的隨從，於
是將整個故事寫成了《女王與知己》。

　　書出版後，巴殊仍持續採訪，從卡里姆的親戚那裡取得他的日
記。巴殊將日記中記錄的英國女王和印度隨從，不，是印度老師等
相關內容增寫進書中，在初版上市的隔年，也就是 2011 年，推出第
二版。英國皇室似乎來不及發現卡里姆歸國時帶回去的日記。總之

電影《女王與知己》是從採訪英國咖哩的過程中出發的，等於是起源於咖哩的一部作品。雖然電影中只出現卡里姆講解印度香料菜餚的畫面，並沒有重現女王享用咖哩的場景，但在原作中，女王和咖哩的初相遇非常重要。

　　某天，卡里姆拿著從印度帶來的香料盒，走進了奧斯本莊園的廚房。為的是替女王製作咖哩。在皇家御廚們紛紛驚慌不已的時候，卡里姆忙著切碎食材，一邊搗碎、混合瑪薩拉（masala，香料）。廚房裡飄散著丁香、肉桂、小荳蔻 (cardamom)[1]、孜然、肉荳蔻等香氣。不久之後，卡里姆端出雞肉咖哩、扁豆糊咖哩 (daal)[2]，還有香氣濃郁的抓飯，滿滿一桌華麗的印度菜色。這還沒完，卡里姆甚至立刻備好蒙兀兒帝國的傳統皇室料理——充滿異國風味的印度香飯 (biriyani)[3] 和慢蒸的 dum pukht[4]。接著將鑄鐵鍋內冒泡沸騰的 korma[5] 和磨碎的杏仁、鮮奶油混入濃郁的咖哩之中。

　　維多利亞女王生平第一次接觸到印度的滋味與香氣，她表示「非

1　一種薑科的印度香料。

2　以扁豆為主材料的咖哩，這個詞也用來單指扁豆。

3　將海鮮、肉類、雞蛋等食材與飯一起蒸熟食用的印度料理。

4　用食材本身的水分蒸熟材料的無水慢蒸印度料理。

5　加入優格或鮮奶油製成，口味柔和的一種咖哩。

一整桌印度佳餚。黃色米飯下方是奶油雞肉咖哩，上面則擺著加入菠菜和帕尼爾起司（paneer，印度新鮮起司）製作的菠菜起司咖哩 (palak paneer)。圓形托盤上，用最大碗裝的是印度香飯，印度香飯左側分別是扁豆糊咖哩、小茴香炒馬鈴薯（jeera aloo，類似小菜），上方是將香料醃漬的雞肉塊插在烤串上烘烤而成的烤雞塊（chicken tikka，tikka 意為「小塊」，參註 6）。

常棒」，並下令之後要經常將咖哩加入日常菜色中。吃過咖哩之後，女王開始對從未造訪過的殖民地印度產生興趣，於是請卡里姆教授她印度的文化和語言。以此為契機，卡里姆便成為女王的個人「導師」。維多利亞女王開始認真學習印度文化、語言及伊斯蘭教義，甚至在宮殿設置以印度風格裝飾的房間。卡里姆有教授女王印度文化之功，之後甚至因此受頒勳章。總而言之，對帝國主義的英國女王而言，咖哩是讓她深陷殖民地——印度魅力之中的民族食物。可惜的是，儘管女王醉心於印度文化，但仍沒有為殘酷的殖民統治帶來變化。不過，這算不算是對白人帝國主義者的一種小小報復呢？至少猛力打擊到英國皇室地位崇高的王公貴族們，和主導殖民統治的政治人物們的自尊心。來自殖民地的這個印度男子為皇室帶來莫大的壓力，維多利亞女王一去世，她的女兒便急忙修改母親的日記，試圖抹滅卡里姆的存在，而前面提到的新任國王的愛德華七世，則將母親和卡里姆往來的書信和紀念品等全數付之一炬。

英國國民料理——「瑪薩拉烤雞咖哩」

維多利亞女王下令在自己餐食中加入咖哩後，過了一百一十四年，英國外交部長羅賓·庫克 (Robin Cook) 在 2001 年的某場演講中稱呼一道名為「瑪薩拉烤雞咖哩」(Chicken Tikka Masala) [6] 的菜餚是

6　Chicken Tikka 是印度、巴基斯坦、孟加拉等地將雞肉以香料和優格醃漬入味後，烘烤享用的料理。Chicken Tikka Masala 則是將這烤雞塊沾上大量濃稠的咖哩醬

「英國國民料理」，引起一陣熱議。他參加英國公共政策智庫舉辦的活動，對於英國轉型為多元文化、多元民族國家的未來展望，發表了一場演說，部分內容如下：

> 「瑪薩拉烤雞咖哩現在已經是真正的『英國國民料理』(national food) 了。因為它不僅廣受大眾歡迎，而且也是一個英國受到他國影響並予以吸收的完美例子。chicken tikka 是印度料理，而瑪薩拉醬汁是喜歡把肉沾著肉汁 (gravy) 吃的英國人們為了填補（沒有醬汁光吃雞肉時的）空虛感，才另外加上去的。我們的經濟和社會用正面的力量接受多元文化主義，對於我們去理解什麼是『英國性』(Britishness) 將會帶來重要的啟發。」

演講中宣示要將英國打造成多民族融合、豐富多元而朝氣蓬勃的國家，是一場傑出的演說。但偏偏「瑪薩拉烤雞咖哩是英國國民料理」這句話卻更受到關注，英國媒體把庫克的演講稱之為「瑪薩拉烤雞咖哩談話」。餐飲業界可不會錯過這次機會，掀起了一波宣傳瑪薩拉烤雞咖哩的熱潮。雖然這樣有點本末倒置，但是另一方面也顯示出英國人有多深陷於咖哩的美味之中。

汁享用，有人認為這是源自印度的食物，也有一說認為是在英國調製出的英式印度料理。

在倫敦市場可以找到各種印度咖哩。只要點餐，店家就會用湯勺從沸騰的巨大鍋中舀起滿滿的咖哩送到客人面前。

庫克之所以會提起「國民料理」，並不是毫無來由的。英國食品運輸業者 Ubamarket 在 2018 年以兩千零四位英國人為對象實施的問卷調查中，「最愛的家庭料理」第一名就是由咖哩奪下，因此咖哩相關的產業規模也不小。英國人每年花在印度咖哩的消費金額高達兩億五千萬英鎊（約三七五三億韓圓），而英國國內的印度料理專賣店，粗估約有一萬兩千家。再加上咖哩並不只有印度餐廳才有，傳統的英國餐廳或餐酒館也吃得到。例如以三百年歷史自豪的倫敦知名餐酒館 The Old Bell Tavern 的下酒菜菜單，瑪薩拉烤雞咖哩就和炸魚薯條、烤魚派等英國鄉土料理一起名列榜上。不管造訪英國哪一個城市，都可以在某個角落找到印度餐廳，而且在倫敦以年輕街道著稱的紅磚巷 (Brick Lane)，甚至有一個區域幾乎被印度餐廳占據。超市裡也有很多咖哩口味的便當，英國最常見的連鎖超市特易購 (Tesco) 和森寶利 (Sainsbury's)，還推出貼有自家商標的咖哩便當，雖然外觀樸實無華，但價格便宜，而且味道相當不錯。放進微波爐加熱就能吃的咖哩便當，跟在韓國的印度餐廳花大錢吃的咖哩比起來，味道毫不遜色。

印度的咖哩，究竟是怎樣變成英國國民料理的呢？它甚至是香氣強烈到容易產生牴觸感，帶有濃厚異國風情的食物呢！雖然維多利亞女王對今天英國的「咖哩熱潮」的確產生深刻影響，但還存在其他重要原因。英國和印度之間，除了殖民關係外，長久以來都有著頻繁的交流（雖然是以不平等的方式），而咖哩在這些交流之中占了很大的比重。從某個角度上看，咖哩可說是象徵著兩國交流的一

種食物。現在就和咖哩的歷史一起，了解英國與印度往來的過程吧！

開始講故事之前，我想稍微偏離一下主題，再談談「瑪薩拉烤雞咖哩談話」的主角──英國前外交部長庫克。作為一位罕見理念明確的政治人物，他同時也是一位辯論家、左派自由主義人士及工黨議員，平時強調反戰、和平、人權、共存等信念。在冷戰尚未結束的 1980 年代，也沒有受到選票誘惑，仍舊堅持廢除核武的立場。1997 年，工黨睽違十八年重獲政權。東尼‧布萊爾 (Tony Blair) 迎入內閣時，庫克雖然被提拔為外交部長，但布萊爾意圖迎合當時的美國總統小布希 (George W. Bush) 好戰的外交路線，卻遭到庫克堅決反對，甚至在 2001 年為此卸下外交部長一職。後來他成為下議院議員領袖內閣之後，仍舊批評美國和英國以伊拉克戰爭為名提出的大規模殺傷性武器報告書不過是「拼湊出來的」，毫無可信度可言，與執政當局持對立態度。2003 年，美國開始侵略伊拉克，英國政府一同參與，庫克前部長為了表達抗議，宣布自政壇引退。他沒有戀棧權位，堅持自己的政治哲學，向國民們呼籲參加反戰運動。離開議會時，他留下「戰爭的門檻總是應該更高」的名言，獲得滿堂喝采。

雖然在私生活或公務上有些瑕疵，但他關懷弱勢及少數權益的理念，在國內外都成為表率。如前所述，「瑪薩拉烤雞咖哩談話」想傳達的宗旨也不是要計較咖哩的國籍，而是關注如何與少數移民共存。他為了打擊種族歧視主義者，甚至表示英國原本就不是盎格魯─撒克遜的單一民族國家。庫克前部長雖然在 2005 年意外死於心臟麻痺，但或許是呼應他生前對多元文化融合的努力，2016 年 5 月，出

身巴基斯坦移民家庭的穆斯林政治人物薩迪克・汗 (Sadiq Khan) 以工黨候選人的身分參加倫敦市長選舉，並順利當選。

但是，世界有那麼容易就改變嗎？2017 年，英國最大的不動產業者弗格斯・威爾遜 (Fergus Wilson) 將咖哩作為一種種族歧視的手段，引起一連串風波。他對往來的仲介業者表示：「因為地毯會沾到咖哩味，所以我不跟有色人種簽約。」連外交部長都說咖哩是「英國的國民料理」，表示英國人們長久以來早已熟悉咖哩香氣，從這個角度看，這位不動產業者的舉動可說是荒唐至極。這是英國脫歐導致的白人優越主義風暴，把對於有色人種移民的盲目憤慨投射在咖哩上的結果。咖哩受的委屈還不只這些！決定脫歐之後，英國由印度裔經營的許多咖哩餐館 (curry house) 受到很大打擊。英國媒體將原因指向移民法令變得更加嚴格，導致印度裔服務員不足的情況越發嚴重。在地下長眠的庫克前部長，聽到這些可能會從墓中驚起也說不定。

Curry，咖哩，カレー

咖哩雖然是印度食物，但印度是沒有咖哩的。這句話矛盾到讓人不禁懷疑我到底是在講什麼？這是因為我們所認知的「咖哩」，無論作為一個名稱或一種類別，在印度卻是用法完全不一樣的名詞。提到咖哩，我們常會聯想到將多種香料調合製成的醬料放在飯或印度烤餅（Nann，饢）上享用的料理，英國的咖哩的確是那種食物沒錯，而那些透過英國接觸到咖哩文化的國家也一樣，比方說日本，

從明治時代便開始引進英式咖哩享用，並將名字換成方便自己發音的「karii」（カリー）或「karee」（カレー）。之後在朝鮮日治時期傳入韓國，就變成直接使用日本發音的「카레」(kare) 了。

　　但是在咖哩真正的故鄉──印度，並沒有使用「咖哩」一詞。根據香料種類、食材或煮法的不同，稱呼它的方式也天差地遠，像是湯式 (sambar)[7]、優格 (korma)、扁豆咖哩 (daal) 等。由各種香料調配而成的咖哩粉則被稱為「瑪薩拉」，依據加入香料的差異，也分為 Garam masala、Tandoori masala、Chaat masala 等不同名稱。總而言之，雖然咖哩是源自印度的食物，對印度人而言，並沒有一個字像「咖哩」一樣能用來囊括這許多種類。如此一來，不禁讓人好奇咖哩這個名字是如何出現的呢？一般主要認為英文的 curry 是源於坦米爾語（印度東南部與斯里蘭卡地區使用的語言）的 kari，然而坦米爾語中 kari 的定義也很複雜。首先，看起來跟咖哩最相關的字義是「辣醬」或「肉汁」的意思[8]。但在現代坦米爾語中，kari 也意味著「肉」、「蔬菜或用到大量蔬菜的料理」、「搭配飯一起吃的小菜」等與香料全然無關的食物[9]。當然，除了坦米爾語語源說之外，也有印

7　加入扁豆、蔬菜、酸豆 (tamarind) 等製成的印度風蔬菜燉湯。酸豆是豆科植物的果實，堅硬的外皮包裹著具韌性的果肉，乾燥後使用。帶有酸味的酸豆在 sambar 等南印度料理中可說是必備材料。

8　Apurba Kundu, *A Postcolonial People: South Asians in Britain*, London: C. Hurst & Co. Ltd, 2006.

9　William C. McCormack, Stephen A. Wurm, *Language and Society: Anthropological Issues*, New York: Mouton Publishers, 2011.

印度料理中使用的瑪薩拉（香料）。有我們熟知的薑黃、辣椒、胡椒、大蒜、月桂葉，還有小荳蔻、孜然、茴香、丁香、肉荳蔻、肉荳蔻皮 (Mace)、芫荽籽等，印度料理會用到的香料真的應有盡有。

地語 karai/karahi（印度式平底鍋）語源說、法語 cuire（煮熟）語源說等等[10]。

　　無論語源如何，使用香料的印度料理史，可以往上追溯到印度河流域文明。始於西元前 2500 年，印度河流域文明的哈拉帕 (Harappa) 和摩亨佐達羅 (Mohenjodaro) 遺址中，都曾發掘出混合香料的粉末。在古代人類留下的這些粉末中，檢測出芥末、孜然、番紅花、茴香、酸豆等食材[11]。而相較下比較近期，2010 年發掘的印度法馬那村 (Farmana Khas) 遺跡中，也發現了咖哩的痕跡，這裡的咖哩包含茄子、薑、薑黃、孜然、芒果等。跟現代加入印度咖哩中的食材類似。所以這表示，早在四千五百年前左右，青銅器時代的印度人就已經在享用和二十一世紀現代人口味相近的咖哩了。說咖哩是和人類文明一起開始，一直延續至今的活化石料理也不為過。前面提到的法馬那遺跡的古代咖哩，曾在 2016 年被印度主廚 Soity Banerjee 再次重現，食譜詳見下頁。

　　從前的印度人並不只把香料當作調味料，同時也作為藥材使用。因為他們相信強烈的香氣可以同時改善肉體和精神的狀態，而實際上也的確如此。眾所周知，印度人們自古至今吃的薑黃具有抗癌、抗氧化、抗發炎的效果。薑黃也是讓咖哩泛出澄黃色澤的香料，在

10　Apurba Kundu, *A Postcolonial People: South Asians in Britain*, London: C. Hurst & Co. Ltd, 2006.

11　Jo Monroe, *Star of India: The Spicy Adventures of Curry*, New Jersey: John Wiley & Sons, 2005.

吠陀 (Veda) 時代[12]的醫學療法阿育吠陀 (Ayurveda) 中，就曾用梵語介紹薑黃為「毗濕奴用於自身之物」[13]。毗濕奴在印度教中和濕婆、梵天並稱為三主神，而神靈常服用的薑黃，在印度至今仍被崇為至高的藥品、調味料及染料。

材料	茄子 6～7 顆 芒果 1 顆 芝麻油 2～3 大匙 孜然 1/4 小匙 鹽適量 砂糖少許	薑 1 株 薑黃 1 株 （或薑黃粉 1/4 小匙） 甜羅勒少許 （依個人喜好增減）
料理方式	<ul><li>把薑、薑黃、孜然等磨碎混合成泥狀，放入鍋中以芝麻油翻炒數分鐘。</li><li>把茄子切開放入鍋中，以鹽調味後，蓋上鍋蓋繼續加熱，直到茄子熟透（如果覺得水分不夠可加一點水調整）。</li><li>芒果切塊放入鍋中，再加入砂糖充分混合，繼續加熱數分鐘直到熟透。</li><li>搭配小米薄餅（bajra roti，印度薄餅）一起上桌。</li></ul>	

12　西元前 1500 年～前 500 年，中亞的游牧民族阿利安人帶著鐵器進入印度，征服印度河流域達羅毗荼人。信仰多神教的阿利安人編纂了讚美神靈的經典《吠陀》，吠陀時代便由此得名。

13　K. P. Prabhakaran Nair, *The Agronomy and Economy of Turmeric and Ginger: The Invaluable Medicinal Spice Crops*, Massachusetts: Elsevier, 2013.

　　雖然前面提過了，在英國被統稱為「咖哩」的印度料理，其實種類繁多。從印度是古代文明發源地這點就知道，印度自古便是豐饒的土地，曾遭多民族的侵略和占領，連帶引進印度教、佛教、伊斯蘭教等各式宗教進入這裡。許多民族和宗教帶來各式各樣的香料、食材及調理方式，使得印度這塊土地上持續誕生各種新的料理。龐大的領土和人口對於食物的多樣性也成為重要的背景因素。印度的國土面積大約是韓國的三十三倍，人口約十三億六千六百四十一人，僅次於中國，占世界第二位。不只人種多樣，官方通用語言甚至高達二十二種。身分區分嚴格的種姓制度，也在食物之間畫下鮮明的界線，貴賤有別的人，吃的食物和享用的方式也不一樣。在韓國這麼小的國家之中，也發展出各地不同的鄉土料理，那麼印度的咖哩，不，是被統稱為咖哩的食物種類，又會有多麼豐富呢？

　　廣泛來看，依地區不同，香料和飲食文化的差異可以明顯分成印度北部和南部。印度國土幅員遼闊，人口眾多，北部和南部的氣候、人種、文化本就不同。北部偏好芫荽、孜然、薑黃、辣椒粉、荳蔻、丁香、肉桂、茴香等香氣強烈、色澤濃郁的香料；南部則主要使用咖哩葉、酸豆、葫蘆巴 (fenugreek)[14]、胡椒等等。至於調理方式，北部是會先調配香料，料理開始時跟食材一起烹調，而南部則是在烹調快結束時加入，或者乾脆製作成香料油，淋在做好的料理

14　豆科植物的果實，將豆莢內的嫩綠色小果實乾燥後使用。常被用在加入鮮奶油的料理中。

整桌傳統的南印度菜餚。也有餐廳不用托盤，而是使用寬扁的香蕉葉擺放食物。

上面[15]。而北印度常吃用火爐烘烤的小麥麵餅，南印度的主食則是以米飯為中心，香料或醬料調味的料理則用來配飯。簡單來說，咖哩搭配烤餅享用是北部風格，配飯吃則是南部風格。這樣看來由「不倒翁咖哩」創造的韓式咖哩飯，可以說是比較接近南印度風格的咖哩。

彷彿泰姬瑪哈陵的蒙兀兒皇室香料料理

1526 年，來自中亞的穆斯林游牧民族侵略了印度。他們攻陷北印度的伊斯蘭王國，占據德里和阿格拉 (Agra) 之後，建立了蒙兀兒帝國。開朝皇帝巴布爾 (Babur) 自詡為帖木兒[16]和成吉思汗的後裔，「蒙兀兒」是波斯語中「蒙古」的意思。蒙兀兒帝國的皇帝們不愧是橫掃歐亞大陸的蒙古帝國後裔，繼任者持續擴張國土，國界曾一度觸及西北邊的阿富汗、巴基斯坦、塔吉克，東北邊則曾達孟加拉、尼泊爾南部。而十八世紀初左右，在積極征討南印度之後，除了最南端地區之外，印度全區都被編入蒙兀兒帝國。但是帝國的重心仍在北印度，統治南印度的期間並不長，這也是造成南部和北部飲食文化有顯著差異的重要原因之一。

大帝國創立且政治安定之後，文化開始興盛。如前所述，蒙兀兒帝國的根基在東亞蒙古，而巴布爾皇帝則出身中亞。他們還早早改信伊斯蘭教，並受到波斯和阿拉伯文化許多影響。這點從皇室的

15　Atul Kochhar, *Atul's Curries of the World*, London: Bloomsbury Publishing, 2015.

16　於 1370～1507 年支配中亞、伊朗、阿富汗一帶的帖木兒帝國創國君主。

官方語言是波斯語就可推知。雖然皇族是穆斯林，但在帝國初期，
卻與印度教徒相安無事地和平共處。尤其是第三代皇帝阿克巴
(Akbar) 大帝，不僅下令使印度教徒任高位官職、廢除非穆斯林歧視
政策，為了證明兩個宗教的和睦，還跟印度諸侯的女兒成婚。伊斯
蘭教和印度教的混合宗教——錫克教，也是在這個時期出現。蒙兀
兒帝國的多元文化，使其散發獨特的魅力。

最具代表性的例子就是泰姬瑪哈陵。這座身為世界地標的建築，
樣式既雄壯又優雅，完美調和了伊斯蘭教與印度教特徵。這是寵愛
妻子的皇帝思念著先行離世的皇后，耗費二十二年建成的宮殿般的
陵墓。主角是蒙兀兒帝國的第五代皇帝沙迦罕 (Shah Jahan) 與皇后慕
塔芝‧瑪哈 (Mumtaz Mahal)。有著秀麗曲線的這座建築，如果只藏
著皇帝夫婦深切的愛情故事當然很好，但其中還交錯著有違倫理的
情節。沙迦罕晚年被兒子奪走王位，囚禁在高塔中延命八年，最後
孤獨而悲慘的死亡。在牢籠般狹窄的房間裡能透過窗戶看見的外界，
據說只有這泰姬瑪哈陵而已。

總而言之，蒙兀兒帝國的飲食文化正巧跟泰姬瑪哈陵非常相似。
皇室成員是喜愛乳製品與肉類的游牧民族，因此格外青睞以印度、
阿拉伯的各種香料、調理法結合形成的蒙兀兒料理 (Mughlai
cuisine)[17]。蒙兀兒皇帝們喜歡濃郁的香氣和辣味，為展現皇室威嚴，

17　在蒙兀兒帝國成立前，據說北印度的伊斯蘭王國早已由王室發展出融合不同地區
　　口味的菜餚。蒙兀兒皇室壯大後吸收他們的飲食文化，並稱之為「蒙兀兒料理」。

很重視食物華麗的外觀與色澤。出身游牧民族的他們喜愛乳製品特有的香醇與酸味，而且和以蔬食為主的印度教徒不同，喜歡以窯爐 (Tandoor) 烘烤而成的肉類料理。肉類則避免豬肉（伊斯蘭教禁食）和牛肉 （印度教禁食），主要使用羊肉和雞肉。還有加入酥油 (ghee)[18]、牛奶、鮮奶油、優格等製成濃稠醬汁或燉湯類的料理，也很多樣。

這些蒙兀兒宮廷料理，都被記錄在以波斯語寫成的皇室料理書 *Nuskha-e-Shahjahani*、*Alwan-e-Nemat* 等中流傳下來。在蒙兀兒帝國以前的印度－伊斯蘭王國所編纂的料理書，同樣也記載大量混合印度教徒和穆斯林口味的料理作法。印度淪為英國的殖民地之後，這些料理便以旁遮普 (Punjab)[19]等北印度地區為中心被傳承下來，成為今天印度料理的基礎。在韓國也廣為人知的「印度烤雞」(Tandoori chicken) 就是典型的蒙兀兒料理。這是一種將雞肉用優格醃漬後，以香料調味再放進窯爐烤熟的食物，具備阿拉伯料理和印度料理的特徵。沙迦罕時代的皇室料理書 *Nuskha-e-Shahjahani*，曾在 2007 年由印度飲食史學家 Salma Husain 翻譯成書出版。下頁食譜即是書中記載的羊肉蔬菜濃湯 (Aash-e-Nakhudi) 作法。

雖然蒙兀兒帝國一直延續到 1857 年，歷經了十七位皇帝長達三百三十一年的統治，但國力早在十七世紀中葉後已逐漸衰退。主要

18　以水牛奶製成的印度精製奶油。

19　位於印度西北部和巴基斯坦中北部的地區。

從印度餐廳傳入，在韓國也很有名的印度烤雞。把香料醃漬過的雞肉串起，放進窯爐烤熟。

| 材　　料 | 羊肉 2 公斤
（切成適中大小）
酥油 500 公克
搗碎的米飯 40 公克
洋蔥 500 公克（切成薄片）
甜菜根 250 公克（切塊）
紅蘿蔔 100 公克（切塊）
蕪菁 250 公克（切塊）
菠菜 125 公克
蒔蘿半把
蛋白 1 顆量
檸檬汁 3 顆量 | 芫荽籽 40 公克
烤熟磨碎的杏仁粉 20 公克
丁香 3 公克
肉桂粉 3 公克
小荳蔻粉 3 公克
黑胡椒粉 10 公克
番紅花 3 公克
鹽適量
水適量
薑末 40 公克
砂糖 750 公克 |

料理方式	・在燒熱的鍋中融入酥油，放入洋蔥翻炒至轉為褐色。
	・把備好的羊肉一半（1 公斤）放入鍋中，以鹽調味，放入薑泥後，煎至羊肉顏色改變。
	・羊肉熟到一定程度後，倒入足量的水。
	・放入甜菜根、紅蘿蔔、蕪菁和 3 杯水，並以小火細細熬煮。
	・待羊肉和蔬菜熟透，鍋中水量大約剩下 1 杯半時，將羊肉和蔬菜從高湯中撈起。
	・將高湯過濾一次後加入丁香 2 公克，開火煮滾。
	・將剩下的羊肉（1 公斤）切碎，製成沒有水分的洋蔥咖哩 (Dopiaza)[20]，攪拌至產生黏性成泥為止。
	・將蛋白混入肉泥中。
	・將肉泥搓成小珠子般的肉丸，放進高溫油鍋油炸。
	・以檸檬汁加糖熬成一定濃度的糖漿後，將一半的檸檬糖漿加入備好的高湯中煮滾。
	・在高湯中加入芫荽籽、磨碎的杏仁粉和搗碎的米飯，均勻混合。
	・撒上肉桂粉、丁香、小荳蔻粉和黑胡椒粉，均勻混合。
	・加入菠菜、蒔蘿和羊肉丸，以小火稍微加熱，待蔬菜熟後完成。
	・將完成的料理裝盤，倒入剩下的糖漿，再撒上番紅花，上桌。

是因為伊斯蘭教與印度教之間的衝突。篡奪父親沙迦罕皇位的奧朗則布 (Aurangzeb) 皇帝，是個好戰而殘忍的獨裁君主。他同時也是一

20　用肉類加入各種香料和大量洋蔥製作而成的料理。

個虔誠的穆斯林，與追求和平的父親完全相反，奧朗則布對印度教等其他宗教採取打壓態度，於是立即引起信徒反抗，延伸為各地的內亂等國家分裂情況。奧朗則布動員軍隊，對反對勢力進行殘忍的屠殺。或許是如此惡政發揮短期效果，使帝國的領土暫時擴張到南印度區域。

除此之外，還有另一個跟咖哩有關的故事，能證明奧朗則布是個無德的君主。他不僅將父親沙迦罕囚禁在要塞中，還下令在死前都只讓父親吃用一種食材煮成的食物。沙迦罕選的食材是鷹嘴豆。似乎是因為鷹嘴豆比起肉或魚類，能變化出多樣式料理的關係[21]。曾率領整個大帝國的皇帝沙迦罕，晚年竟靠著鷹嘴豆和香料製成的食物延命，終至辭世。用豆類製作的 Shahjahani Dal[22] 之所以會被冠上「沙迦罕」之名，可能就是出自這個典故。

另一方面，奧朗則布在 1707 年死於遠征德干高原的途中。他死後，蒙兀兒帝國便面臨支離破碎的困境。繼承王位的亂象不斷，徒擁虛位的後代皇帝們受掌權的朝臣擺布，隨時都可能被罷黜。在內部的宗教問題下，馬拉塔帝國、錫克帝國等許多國家紛紛自立，蒙兀兒的領土被嚴重分裂。波斯、阿富汗等外來勢力也不停進犯，使得蒙兀兒終究淪為難以被稱為「帝國」的弱小國家，再加上葡萄牙、

21　Salma Husain, *The Mughal Feast: Recipes from the Kitchen of Emperor Shah Jahan: A Transcreation of Nuskha-e-Shahjahani*, New Delhi: Lustre Press, Roli Books, 2019.

22　以鷹嘴豆、薑黃等食材製作的咖哩。

鷹嘴豆瑪薩拉（chana masala，印地語中的 chana 意為鷹嘴豆）

英國、荷蘭等歐洲國家在印度各處種下的帝國主義毒菇，開始逐漸
茁壯，殖民統治的悲劇席捲而來。

Vinha d'Alhos 和溫達魯咖哩，英印混血與咖哩粉

　　印度中西部的阿拉伯海岸，有個小小的港口城市名為華士古．
達伽馬城 (Vasco da Gama)，屬於果阿 (Goa) 邦，市中心則有作為這
個地區門戶的果阿國際機場。但這個城市長長的名字，聽起來總覺
得很熟悉。跟在課堂上學到的葡萄牙航海探險家（同時也是侵略者）
華士古．達伽馬寫法一樣──這個地名果然是取自他的名字。達伽
馬是第一個由大西洋航行至印度洋的歐洲人，在 1498 年抵達印度西
南部海岸的卡利卡特（Calicut，今科澤科德 [Kozhikode]）。他在印度
停留超過三個月，甚至造訪果阿南部海岸地區後才回國，據說旅途
非常險峻，抵達葡萄牙時有超過三分之一的船員喪命。葡萄牙以此
次訪問為起點，在 1510 年（蒙兀兒帝國成立前）以武力占領果阿，
直到 1961 年為止，時間長達四百五十一年。華士古．達伽馬這個城
市名是葡萄牙占據時期，為了紀念這個地區跟達伽馬之間的「孽緣」
而取的。

　　1947 年印度自英國獨立後，持續向葡萄牙要求返還印度國內包
括果阿在內的葡萄牙屬地。而葡萄牙頻頻拒絕，印度政府便在 1961
年動員軍力，直接占領這些區域。有趣的是，印度在討回果阿之後，
仍舊保留著華士古．達伽馬城（或簡譯為瓦斯科）的名字。果阿邦
地方政府在官方網站上，仍然把此地的名字以英文和印地語標示為

「華士古」。更讓人興味盎然的是，2015 年，身為印度教徒的政治人物們試圖用從前印度教國王的名字更改地名 （十七世紀馬拉塔帝國的桑巴吉國王 [Sambhaji]），但只換得居民們的激烈抗議。而且，果阿邦至今還是四處散發著葡萄牙風格，尤其是屬於達伽馬城的南果阿地區，居民三人中就有一人是天主教徒，葡萄牙傳來的天主教勢力影響深遠23。

　　就是在這個果阿地區，有一種葡萄牙料理法遇見印度香料後誕生的咖哩，叫做「溫達魯」(Vindaloo)。這是以今天的葡萄牙、英國為首，在歐洲各國的印度餐廳如同招牌菜般必定會出現的咖哩 （當然，韓國國內的印度餐廳也找得到，辣味的咖哩很適合韓國人的口味）。這道咖哩是以大航海時代進出果阿的葡萄牙船員們的料理「酒蒜燉肉」(Carne de Vinha d'Alhos) 作為基礎。料理的名字也從 Vinha d'Alhos 變成印度式的發音 Vindaloo。無論如何，這道酒蒜燉肉意為「以紅酒 (Vinha) 和大蒜 (d'Alhos) 調味的肉 (Carne)」。在沒有冰箱的時代，往來大洋須長時間待在船上的船員們會用紅酒和大蒜醃漬豬肉，降低腐敗的速度。因為穆斯林不能食用紅酒或豬肉，所以這道料理主要是由果阿的天主教徒享用。在當地自然而然就會加入丁香、孜然、荳蔻、芥末等印度香料，再加上葡萄牙商人們從中南美洲帶來的貿易品——辣椒，就完成香辣的溫達魯咖哩了。而如此輸入的辣椒便開始在果阿栽種，現在的果阿正是知名的辣椒產地24。溫達魯

23　順帶一提，印度地區的基督教徒比例不超過 2.3%。

咖哩的美味聲名遠播之後，其他宗教的教徒也開始享用。當然，為了遵守宗教的禁忌，食材選擇自然有所改變。用椰子醋代替紅酒，再用羊肉或雞肉代替豬肉等等。

話說回來，華士古‧達伽馬還有葡萄牙船員們為什麼不惜冒著生命危險也要去印度呢？（順帶一提，華士古‧達伽馬第三次造訪印度時，在果阿得了地方性流行病，後來病重去世）為的正是加在咖哩裡的這些印度香料。因為這些香料對氣候和土壤都很敏感，離開印度後不易栽培，只能仰賴進口。而歐洲早在羅馬帝國時代開始，便持續進口胡椒等印度產的香料食用。在歐亞之間交流還很頻繁的時候，進口這些香料不是什麼問題。但中世紀之後，掌控中東的伊斯蘭勢力阻斷了貿易路線，阿拉伯商人們獨占香料的進出口，使得香料價格扶搖直上，促使葡萄牙改變貿易路線，經由水路接觸印度，依次占領果阿等主要貿易港口，靠香料貿易取得龐大的利益。

這個消息一傳回歐洲，荷蘭、英國、法國、丹麥各國紛紛湧入印度，在各地建立香料貿易的據點，現在的荷蘭料理之所以會經常使用咖哩粉，也是出自這個原因。荷蘭東印度公司雖然比英國東印度公司（1600 年）晚兩年成立，但因為獲得政府大力支援，得以迅速蠶食印度的貿易。然而在激烈競爭下，最後勝出的則是英國。英國在侵略初期還因為資本不足與走私猖獗、貿易赤字過多等各種狀

24　Lizzie Collingham, *Curry: A Tale of Cooks and Conquerors*, Oxford: Oxford University Press, 2006.

用羊肉製作的溫達魯咖哩。隨著溫達魯咖哩流傳到其他地區,也曾經引起有趣的誤會。人們把葡萄牙文的「d'Alhos」(大蒜)誤以為是印地語的「aaloo」(馬鈴薯),因此出現加入馬鈴薯製作的情況。

況，處於不穩定的情勢之中[25]，但 1707 年奧朗則布皇帝死後，英國把握良機，趁著蒙兀兒帝國因為宗教衝突而內部分裂，國力衰減之時，趁隙而入。

此後，英國東印度公司把路線從貿易轉為經營殖民地。在荷蘭、法國等競爭者一一打退堂鼓之後，於 1772 年併吞孟加拉地區（今印度東北部和孟加拉國一帶）的龐大領土。1784 年，英國政府新設了印度威廉堡，正式展開殖民統治。雖然葡萄牙、荷蘭等仍舊占據著部分港口，但廣闊印度國土已逐漸落入英國的手中。在這過程中許多英國人跨海來到印度，隨著時間流逝，在當地定居的英國人與印度人之間，誕生許多英印混血兒 (Anglo-Indian)。在這背景下，便產生了英屬印度料理 (Anglo-Indian cuisine)。

最經典的英屬印度料理就是咖哩。英裔移民非常喜愛以香料調味的各種肉類料理，而這也自然傳回英國。1733 年，倫敦的 Norris Street Coffee House 是英國第一間開始販售咖哩的餐廳。漢娜・葛萊絲 (Hannah Glasse) 於 1747 年出版的料理書《簡易烹飪藝術》(*Art of Cookery Made Plain and Easy*) 中，便收錄了〈製作印度風咖哩的方法〉(To make a currey the Indian way)[26]。但是第一版的食譜中幾乎沒

---

25 1698 年，英國甚至發生另一間自稱「東印度公司」的公司，獲得政府官方認定的事件。在舊東印度公司經營不振的情況下，新東印度公司向面臨財政困難的國王提供巨額貸款，於是獲得東印度公司的資格認證。兩間東印度公司於 1702 年正式合併。

26 當時英國將咖哩記為 currey 而非 curry。

有使用印度香料，直到 1751 年發行的第四版，才加入了薑黃、薑等食材[27]。在這之後，英國出版的大部分料理書中，都會收錄雞肉咖哩等食譜。

十八世紀末，出身東印度公司管理職的資本家「納瓦布」(Nawab)[28]紛紛回國，印度料理開始以英國上流社會為中心流行起來，香料的消費也自然隨之增加。大約也是從這時期開始，沒去過印度，卻著迷於印度料理獨特風味的英國人越來越多，《傲慢與偏見》(*Pride and Prejudice*) 的作家珍·奧斯汀便是其中之一。她在 1780 年代寫的日記中，也出現住在印度的親戚寄來當地咖哩食材的內容[29]。「咖哩人口」逐漸增加後，市面上便出現將數種香料調合後商品化的「咖哩粉」。英國最早開始販售咖哩粉的紀錄是在 1780 年代，從這時開始，就可以到食材行買咖哩粉，自行在家煮咖哩享用了。

1809 年，倫敦喬治街三十四號開了英國第一間印度料理專門店 Hindoostane Coffee House，是由穆斯林印度人 Sake Dean Mahomed[30] 所經營的傳統印度餐廳。隨著印度食物的消費增加，英國的薑黃進

27　Stephanie R. Maroney, *Local Foods Meet Global Foodways: Tasting History*, Oxfordshire: Routledge, 2013.

28　原本是蒙兀兒帝國對地方郡守的稱呼，後來在英國則用來指曾派至印度，後歸國的東印度公司資本家。

29　Howard Belton, *A History of the World in Five Menus*, AuthorHouse, 2015.

30　曾於英國軍隊服役的 Mahomed 也是一位外科醫生，他在造訪愛爾蘭和英國的旅途中與愛爾蘭女性相戀結婚，突破常規的行事作風受人注目。他也是將印度傳統飲食與洗髮精傳入歐洲而聞名的印度人。

口量在 1820～1841 年間增加三倍之多。1860 年代，倫敦的福南梅森 (Fortnum & Mason) 等英國大型商店，也都紛紛開始競售咖哩粉[31]。

種族歧視也擋不了英國人對咖哩的愛

　　奧朗則布皇帝引發的宗教衝突留下極大副作用，使印度人無法團結一心抵抗英國的侵略。1857 年爆發的印度兵起義（印度 1857 年起義）[32]延伸至印度全國，卻在民族主義即將萌芽之際宣告失敗。雖然英軍的強大軍備及殘忍鎮壓是重要因素，但抗爭的勢力因地區、階級、宗教等隔閡分散開來，無法團結力量是更大的問題。英國之後也妥善運用這個弱點，不斷挑撥離間引起內鬨，成功統治了人口比英國多七～八倍的印度。

　　英國在 1858 年進一步將等同於傀儡的皇帝巴哈杜爾‧沙二世 (Bahādur Shāh II) 流放至緬甸，蒙兀兒帝國的歷史也就此終結。英國政府為追究抗爭事件的責任，於 1858 年下令撤銷東印度公司的管理權，並對印度展開直接殖民，到了 1876 年，維多利亞女王甚至兼任印度女王。那是印度完全成為英國殖民地的時刻，無數印度人在慘無人道的壓迫與掠奪下受苦受難，尤其是連種姓底層都排不上的賤民們，可謂苦上加苦。曾是古代文明的發源地，且擁有豐饒土地的

31　Colleen Taylor Sen, *Curry: A Global History*, London: Reaktion Books, 2009.

32　1857 年，東印度公司軍隊雇傭的印度傭兵 (sepoy) 們對公司的差別待遇早已心生不滿，為反抗公司在新配給的槍炮塗上牛油和豬油的舉動，爆發了抗爭事件。事件擴及至印度全域，使得東印度公司的殖民地經營陷入危機。

印度，在英國的殖民之下，卻變成餓死三千五百萬人的人間煉獄。

　　英國統治印度期間，種族歧視的嚴重程度更是不在話下。電影《女王與知己》中也處處出現英國人歧視印度人的場景，而實際狀況更加嚴重。前英國總理溫斯頓‧邱吉爾 (Winston Churchill) 就曾毫不保留地吐露種族歧視言論：「我討厭印度人，印度人信仰的是野獸般的宗教，是野獸般的一群人。」他還是一個經常出現在偉人傳裡，人們口中所謂的「英雄」呢（雖然韓國也把拿破崙、哥倫布列為偉人，這好像也沒什麼好訝異的……）。以 2020 年喬治‧佛洛依德事件為契機，在美國種族歧視的抗議示威擴散至全球時，英國的示威團體之所以會在倫敦的邱吉爾銅像噴上「他是個種族歧視者」(was a Racist) 的塗鴉，也是這個原因。種族歧視者以《聖經》為藉口，光明正大地歧視黑人膚色，也被照本宣科地套用在膚色相對較黑的印度人身上。和不太抗拒印度文化的葡萄牙人和荷蘭人不同，定居在印度的英國上流階層非常抗拒與印度人聯姻，就算被他們納為妾室的印度女性生下小孩，孩子也不會被平等地對待[33]。

　　在上述的歧視下，登上英國人餐桌的咖哩，卻受到特殊待遇。前面已經提過維多利亞女王對咖哩的熱愛，而女王的長子、繼承她王位的愛德華七世，據說也對咖哩情有獨鍾。儘管他就是那個趕走最初替女王獻上咖哩的卡里姆的人。當然，愛德華七世吃的咖哩不

33　浜渦哲雄，《世界最強の商社──イギリス東インド会社のコーポレートガバナンス》，東京：日本經濟評論社，2001。

是出自印度人之手，而是瑞士主廚做的。這道咖哩料理甚至登上愛德華七世加冕宴會的菜單。法國料理大師愛斯克菲爾為了紀念愛德華七世的加冕儀式，推出名為「愛德華七世嫩雞」(Poularde Edward VII) 的菜色，這道菜中也加入咖哩作為醬汁。諷刺的是，愛德華七世的兒子、1910 年繼承王冠的喬治五世 (George V)，據說非常熱愛印度料理，除了咖哩和印度的魚料理「孟買鴨」 (Bombay Duck) 之外，其他菜餚都不太入口。長期服役海軍的喬治五世不像其他皇室成員，飲食偏平民的口味，看來是他在王子時期時常往來印度時，就已經愛上咖哩的味道。維多利亞女王時代服務於英國皇室御廚的印度廚師，在兒子愛德華七世在位時被逐出王宮，但又隨著孫子喬治五世的登基再度回到宮中。

喜愛咖哩的階層並不只限於王族或曾待過印度一段時間的人，不管是上流階級、中產階級或勞工等各種階層的人，都為印度香料著迷不已。英國皇家海軍也是其中之一，當時海軍的餐點經常供應一種叫做「水手咖哩」(Sailor's curry) 的牛肉咖哩。因為皇家海軍經常往來世界各地，咖哩也隨之傳播到國外，其中最具代表性的例子就是明治時代（1868～1901 年）的日本。當時日本正積極發展帝國主義並培養海軍，但長時間的海上生活讓士兵們深受腳氣病所苦[34]，

34　維他命 B1 不足容易引發腳氣病，當時日本海軍吃的米飯不足以讓士兵們攝取維他命 B1，其實這種疾病只要搭配蔬菜或肉類食用就能解決，但這在海上卻不是件容易的事。

正在日本為此傷腦筋的時候，英國海軍的咖哩餐讓他們找到對策。那就是我們熟悉的日式咖哩飯。在這之後，日式咖哩飯在日本掀起旋風般的熱潮，並接二連三開發出豬排咖哩飯、咖哩烏龍麵、咖哩拉麵等料理。

另一方面，因為帝國主義的掠奪而陷入貧困的英屬印度，有無數印度人為求生存移民至英國。接受殖民教育的印度人能說流利的英文，語言交流上的方便性促使他們移民至英語系國家。然而就算第二次世界大戰結束，印度在 1947 年脫離殖民統治之後，移民至英國的人數仍然接連不斷地攀升。這是因為各地獨立後，持續爆發了地區、宗教、理念等衝突，導致印度內亂頻繁。隨著印度裔移民暴增，英國國內的印度餐廳也大幅增加。這些餐廳研發出符合英國人口味的印度料理，經典的例子之一便是被前外交部長羅賓‧庫克稱為「英國國民料理」的瑪薩拉烤雞咖哩。受歡迎的食物常常會出現起源爭議，而瑪薩拉烤雞咖哩的創始人究竟是誰，也是眾說紛紜，但最可信的說法是由蘇格蘭格拉斯哥 (Glasgow) 的一位孟加拉[35]移民廚師在 1970 年代所開發。他用北印度奶油咖哩雞[36]的食譜加以變化，在英國人喜歡的番茄奶油醬汁中調入香料，然後淋在雞肉塊

35　無法在此詳細說明孟加拉的歷史，但印度獨立之後，巴基斯坦和孟加拉因為宗教不同脫離印度，簡單來說，我們現在知道的孟加拉這個國家，在 1947 年之前都還是屬於印度的土地。

36　也被稱為 Chicken Makhani 或 Murgh Makhani，是旁遮普地方的料理，將以香料調味過的雞肉加入奶油番茄醬汁熬煮，是強調柔滑滋味的一道咖哩。

(Tikka) 上。

　　二十世紀末英國掀起咖哩熱潮，披頭四也有不小的貢獻。隨著 1960 年代反戰運動興起，人們對於族群文化的關注也逐漸升高，1968 年，披頭四前往印度瑞詩凱詩 (Rishikesh) 修練瑜珈，連帶引起人們對於印度食物的關注。1980 年代以後，倫敦四處林立高級的印度餐廳，而英國人的味蕾就這樣逐漸被印度咖哩勾住了。2018 年印度香料出口排名第三的國家正是英國 （第一是美國，第二是阿拉伯聯合大公國），輸出金額高達一一二八億韓元[37]。

叫外送咖哩的英國王世孫夫妻

　　2011 年，英國的威廉王子和並非皇室也非貴族的平民女性——凱薩琳・密道頓 (Catherine Middleton) 結婚了。雖然從前也有英國皇室跟平民成婚的例子，但大家都不得不拋下王冠離開皇室。相反地，凱特則是第一位被認證的平民王妃。過去英國皇室一直限制王位繼承人的伴侶必須是皇室或貴族，但保守的皇家氣氛與不合時宜的政治聯姻帶來的副作用日益嚴重，因此英國皇室也決定改變路線。無論如何，威廉王子夫妻在結了一個極其平凡，反而顯得不平凡的婚之後，又在休假時搭乘廉價航空，這些種種庶民生活的舉動贏得了大眾的好感。這對夫妻在 2017 年參與 BBC 的某個廣播節目，閒談

37　Statista 統計資料。Leading destinations for Indian spices exports in FY 2018, based on value (in billion Indian rupees). （譯註：約新臺幣二十六億元）

時提到他們常叫外送咖哩來吃，引起一陣熱議。因為王子一家人（不管表面上做出多少庶民舉動），感覺應該會在餐桌上享用山珍海味才對，而咖哩在英國可說是庶民食物的代名詞。當然，因為咖哩無法外送到皇宮，所以是由宮裡的職員從印度餐廳外帶回來。這對夫妻的休閒活動，據說就是穿得很休閒，吃著外送咖哩，再一起追《冰與火之歌：權力遊戲》(*Game of Thrones*) 之類的劇。而且凱特王妃還在 2019 年訪問巴基斯坦前夕的一個活動上，親手製作平常做給丈夫和三個小孩吃的咖哩。凱特王妃也說，因為家人對咖哩的喜好都不太一樣，所以每次料理時都有很多繁雜的注意事項。給人感覺嬌貴，彷彿手指不會沾水的王妃竟然會親手製作咖哩，不僅英國媒體和電視臺，連印度媒體都震驚地大肆報導。

在 1996 年查爾斯王子與黛安娜王妃離婚，及 1997 年黛安娜王妃離奇去世後，英國皇室便陷入了危機。不倫、他殺疑雲等接連不斷的醜聞使皇室形象跌落谷底。2000 年，在英國日報《衛報》(*The Guardian*) 的輿論調查中，皇室支持度掉到 44%，是歷年最低紀錄；同年 BBC 的調查裡，十六～二十四歲的應答者有高達 73% 贊成廢除皇室並引進共和制度。簡言之，皇室或貴族本身逐漸被認為是不合時宜的存在。就像處於生存危機下的生物會突變找尋生路一樣，英國皇室也意圖透過內部革新尋求突破。英國皇室以王子的婚姻[38]作

38　威廉的弟弟哈利王子 (Prince Henry) 與非裔混血且曾有離異紀錄的美國女星梅根‧馬克爾 (Meghan Markle) 結婚，也引起世人熱議。

為開端，追求開放而親近庶民的形象。2013 年凱特王妃誕下第一個兒子，引起「皇家寶寶」旋風，使支持率上升到 66%，讓皇室得以鬆一口氣。但這並不表示皇室已經擺脫了舊時代形象，對於皇室預算由國民稅金支付這件事，也有正反意見不一的爭議。考慮到這樣的前因後果，威廉王子夫妻的咖哩小故事以行銷角度而言，可說是個非常有策略的「菜色選擇」。因為英國貴族享用過去殖民地印度的代表食物——咖哩，這件事不僅代表社會的開放，也帶有平凡食物散發出的庶民氣息，或許也有想強調溫馨家庭形象的目的吧。無論真實情況如何，世道真是變了很多呢！

4

古拉什，
從匈牙利到奧地利

我第一次去歐洲是在 2006 年，二十八歲的時候。那時的我進報社剛滿一年左右，過著沒有週末、晝夜不分的日子，是一段極度想休假的時期。我把少得可憐的薪水一點一滴存起來，踏上背包客之旅。聽人家說第一次到歐洲通常會去法國、英國、義大利等國家，從西歐或南歐開始旅遊，但我選的是捷克、奧地利和匈牙利，因為費用相對便宜許多，而且這三個國家的大城市有鐵路相連，很適合一次造訪。從布拉格到維也納搭火車大約四個多小時，從維也納到布達佩斯則大概要三小時左右。在 1993 年捷克斯洛伐克分裂為捷克和斯洛伐克兩國之前，捷克、奧地利、匈牙利三個國家都還是彼此國境相連的鄰國。第一次世界大戰爆發之前，這個地區也同為哈布斯堡王朝所統治。不過，我在這些城市旅行時所感受到的氣氛與風景，都各自擁有獨特的魅力。布拉格小巧而浪漫，維也納很莊嚴，布達佩斯則是憂鬱而古色古香。如果要用顏色比喻的話，布拉格是淡橘色，維也納是亮白色，而布達佩斯應該是深沉的暗灰色吧。

不只風景，這三個國家連語言、民族也都不同。人們的長相和表情也讓人感受到微妙的差異。光是「你好」這句話就已經天差地遠了，在捷克說「Dobrý den’」，奧地利講「Grüß Gott」，匈牙利則是「Jó napot」。但也因為捷克主要是斯拉夫人，奧地利是日耳曼人，匈牙利則以馬扎爾人 (Magyars) [1] 占國民的大多數，這三個國家從種

1　匈牙利是英文的寫法，匈牙利人稱匈牙利為 Magyarország，意為「馬扎爾人的國家」。

族開始就完全不同。以觀光客的角度來說，短間就能一口氣遊覽獨具特色的三個國家，是再開心不過的事了。然而個性如此鮮明的三個國家、三個城市卻有著一個共通點：只要造訪他們販售傳統菜色的餐廳，菜單上一定會有「古拉什」(goulash) [2]。就算有各種版本，基本上都是肉類加上蔬菜，調味後加以熬煮的肉湯。因為剛好是冷涼的季節，所以那時候的我很認真地吃著三國各有特色的古拉什。

當時我帶去的旅遊書把 goulash 介紹成 「匈牙利的代表傳統料理」，表示是匈牙利的傳統料理流傳到鄰近的奧地利和捷克。「goulash」是英文寫法，匈牙利語稱為「gulyás'」。奧地利（德語）和捷克 （捷克語） 的發音很相近，但分別標記為 「Gulasch」 和「Guláš」。試想首爾有多少中國餐廳和日本料理店，就會覺得在奧地利和捷克吃到匈牙利料理似乎也沒什麼特別的。 鄰國之間共享飲食文化，就是如此稀鬆平常的事。

不過 ， 以傳統飲食文化為傲的傳統餐廳會不約而同地販售古拉什這件事，則相當有意思。因為這意味著喝古拉什的文化已經深深扎根，使它登上普羅大眾的餐桌，難以被劃分為外國食物或不同民族的食物。再加上古拉什在匈牙利是象徵著民族認同感的食物 （後文會再說明）。 甚至匈牙利政府在傳統文化遺產 「匈牙利特色」(Hungarikum) 目錄中，也包含這道料理。為了向海內外宣傳古拉什，國立機關 「馬扎爾民族價值與匈牙利文化財協會」 在政府積極支援

2　以匈牙利語發音來說應該寫成「gulyás'」，但本書統一使用全世界通用的名稱。

下，也展開各式各樣的活動。擁有這種背景的食物，居然也名列奧地利和捷克傳統餐廳的菜單上，確實滿令人驚訝的。

　　跨越國境的古拉什滋味究竟多有魅力，從奧地利維也納觀光委員會的網頁也能看得出來。在「維也納料理」區被介紹的六十一種在地美食中，光是古拉什就有四種。「搭配香腸的馬伕 (Fiaker) 古拉什」 (Fiakergulasch mit Würsteln)、「維也納式古拉什」 (Wiener Saftgulasch)、「鮮奶油維也納風小牛古拉什」 (Wiener Kalbsrahmgulasch)，以及 「波西米亞風蕈菇古拉什」 (Böhmisches Schwammerl-Gulasch)。這些食物的介紹文開頭都是：「雖然古拉什是從匈牙利傳來的……」 並沒有否定它是來自匈牙利的食物，但從名字被加上 「維也納風」 就可以知道，想強調它是透過奧地利獨特調理法重生的傳統料理。

　　而「搭配香腸的馬伕古拉什」 的 Fiaker 也同樣具有地域性，是「出租馬車」 或者 「出租馬車馬伕」 的德文。就像今天的計程車一樣，十九世紀的維也納市中心，也有一輛輛出租馬車，而馬車伕愛吃的古拉什，就是 「馬伕古拉什」 的起源。「波西米亞風蕈菇古拉什」 則是一道更有趣的料理。波西米亞是曾位於捷克西邊的古國名稱，「波西米亞風蕈菇古拉什」便是以曾被奧地利統治的波西米亞古拉什作法為基礎，到了維也納再加入蕈菇所製作出來的湯品。匈牙利的傳統料理在捷克西部重新誕生後，又再移動到維也納，成了「維也納料理」。

　　古拉什便像這樣由匈牙利傳到周邊國家，經過長久歲月的洗禮

流過匈牙利首都布達佩斯的多瑙河 (Danube)，以及建於河上的塞切尼 (Széchenyi) 鏈橋夜景。

後，各自發展成不同的風格（關於各地的料理方式差異，下文會再說明）。其實我在三個國家的旅程中吃到的古拉什，無論材料、外觀或味道都不一樣。當然，光在匈牙利國內就有各種製作古拉什的方法。如同韓國的大醬湯或泡菜鍋一樣，每個家庭製作的方式都不太一樣。匈牙利知名餐飲業大亨卡羅伊‧岡德爾 (Károly Gundel) 的《匈牙利料理書》(*Hungarian Cookbook*) 中有二十三種古拉什的作法（濃湯有十一種），最經典的古拉什的食譜請見下表。

材料	牛肉 360 公克（切塊）	匈牙利麵疙瘩 6 人份
	豬油 80 公克	紅椒粉 15 公克
	洋蔥 150 公克	鹽適量
	馬鈴薯 800 公克	大蒜少許
	青椒 140 公克	凱莉茴香籽少許
	番茄 60 公克（小的 1 顆）	
料理方式	<ul><li>使用膠質較豐富的牛肉部位（牛腱、牛肩〔板腱肉〕、牛頸肉等），將肉切成約 1.5～2 公分的方塊。</li><li>在融化的豬油內放進切碎的洋蔥，翻炒至金黃色。</li><li>用小火迅速翻炒紅椒粉，之後加入肉塊繼續翻炒。</li><li>以鹽調味，待肉熟了水分減少後，加入凱莉茴香籽、蒜末及適量冷水。蓋上鍋蓋慢燉牛肉。</li><li>中途時不時攪拌食材，視情況可加一點水。</li><li>肉要燉到軟爛，且不能讓湯汁猛烈沸騰。</li><li>等肉熟透後將馬鈴薯切塊，青椒和番茄切成約 1 公分大小。</li><li>準備製作匈牙利麵疙瘩的麵糰。</li></ul>		

	・肉質完全變軟前將平底鍋內的水分收汁，加入馬鈴薯使其稍微煮透，再加入青椒和番茄。 ・在馬鈴薯幾乎煮熟，湯快要完成前放入匈牙利麵疙瘩。 ・可添加適量水，調整湯汁的多寡。

　　岡德爾建議，如要製作匈牙利草原風格（意即從前鄉村地區的作法）的傳統古拉什，要減少這道食譜裡的馬鈴薯分量，匈牙利麵疙瘩 (csipetke) 則乾脆不要加。另外，前面提到維也納觀光委員會網站上的「維也納式古拉什」食譜則如下表。

| 材　　料 | 洋蔥 1.25 公斤
牛腱 1.5 公斤
肉類油脂 150 公克
番茄醬汁 1 大匙
紅椒粉 4 大匙
大蒜 1 瓣
檸檬皮碎少許
蘋果醋 | 剁碎的杜松子 (juniper berry) 3 2 顆
馬鬱蘭 1 小撮
磨碎的凱莉茴香籽 1 小撮
砂糖 1 小撮
胡椒、鹽適量
麵粉 2 大匙
水 2 公升 |
| 料理方式 | ・把洋蔥切成方便入口的大小。
・牛腱切成 50 公克分量的塊狀。
・將 150 公克的油脂放入鍋中，再加入洋蔥，翻炒至轉為褐色。
・加入杜松子、馬鬱蘭、凱莉茴香籽、砂糖、胡椒和鹽後稍作翻炒。 | |

3　一種針葉樹——杜松樹的果實，形似藍莓，常作為香料使用。

	・加入紅椒粉、番茄醬汁、大蒜、檸檬皮碎攪拌後，放入醋和 1 公升的水。 ・水煮沸後加入切好的牛腱，小火燉煮兩小時三十分鐘。 ・在熬煮收汁的同時持續翻攪，避免食材燒焦，可視情況加水。 ・等肉熟透後倒入剩下的水，充分煮滾後用鹽調味。 ・在麵粉裡加入少許水，混合均勻後加入湯中，持續攪拌至湯頭呈濃稠狀。

　　寫這本書的時候翻了一下 2006 年的旅遊照，留有一張在布達佩斯某間餐廳拍的匈牙利古拉什。因為是用廉價相機隨意拍的，畫質並不好，但能很明顯地看見食物的特徵。首先肉、馬鈴薯之類的食材浸泡在足量的湯中，湯頭因為加了紅椒粉帶點紅褐色。但吃起來跟外表不太一樣，是比較清淡的湯頭，還記得我用湯匙唏哩呼嚕地快速喝完了。

　　旅遊書上把古拉什介紹得很像韓式辣牛肉湯，但其實並不一定是那樣。跟辣得讓人額頭直冒汗的辣牛肉湯比起來，古拉什的油脂更豐富，味道也更柔和。高湯風味濃郁香醇，又加了紅椒粉熬煮，微辣的滋味讓人會有股衝動，忍不住想把飯泡在湯裡吃。另一方面，奧地利或捷克的古拉什則把湯裡的食材作為主角，湯水只是陪襯的感覺。飄浮著油脂的濃郁湯頭，比起匈牙利的古拉什更濃稠而膩，而且幾乎沒有辣味。尤其在維也納吃到的古拉什，與其說是湯，感覺更像是沾上醬汁享用的溼潤燉肉料理。

製作匈牙利麵疙瘩的方法很簡單，只要把用水、麵粉和雞蛋混合成麵糰靜置，醒麵十五分鐘，再用刀切或以手捏成小塊即可。

馬扎爾古拉什和泡麵配料的共通點

　　介紹古拉什之前，首先來了解一下古拉什的故鄉──匈牙利。與巴爾幹半島北部相連的匈牙利，面積比韓國稍小[4]，總人口只有九百六十八萬人，連首爾的人口都不到。或許因為是小國的關係，匈牙利相較於英國、法國、德國等西歐先進國家，在韓國並沒有獲得太大的關注。

　　但在中世紀，匈牙利王國曾經一度直接或間接地統治現在的奧地利、義大利、斯洛伐克、波蘭、摩爾多瓦、立陶宛、羅馬尼亞、

4　譯註：匈牙利面積為九萬三千零三十平方公里，約為臺灣的二・六倍。

保加利亞、克羅埃西亞、波士尼亞與赫塞哥維納及塞爾維亞領土的
一部分，是號令東歐的強盛帝國[5]。過去其勢力甚至曾延伸至第勒尼
安海、愛奧尼亞海、亞得里亞海和黑海，然而現在國境縮減，只是
一個不靠海的內陸國家。儘管如此，匈牙利人仍舊熱愛鮮魚料理。
最具代表性的便是用多瑙河、蒂薩河 (Tisza) 等捕獲的鯉魚、鯰魚、
白斑狗魚等魚類製作的湯品。匈牙利的漁夫湯 (Halászlé) 是加入大量
紅椒粉使湯頭變得鮮紅香辣之後，再加入洋蔥、辣椒、香草等食材
去腥的魚湯。過去河邊或湖邊的漁夫們常用現捕的魚煮這種簡單的
湯品，所以才被稱為「漁夫湯」，最近它也以匈牙利的聖誕節必備美
食著稱。韓國人聽介紹大概就能明白，漁夫湯跟韓國的淡水魚辣湯
很接近，而主要材料是牛肉的古拉什，則跟韓國的辣牛肉湯很像。
如此看來，匈牙利傳統料理中，有非常多樣化的湯品。他們也常喝
清澈的雞湯或者濃稠的洋菇湯，這和其民族的歷史有很深的關係。

匈牙利人自稱為馬扎爾人，而馬扎爾人是從史前時代，就在西
伯利亞西部和黑海一帶的草原上生活的游牧民族。從語言上看，屬
於阿爾泰語系的芬－烏戈爾語族 (Finno-Ugric languages)，文化上跟
起源於中亞的突厥語族有許多相似之處，因此推測是源於亞洲的民

5　出身法系安茹 (Anjou) 家族的拉約什一世（I. Lajos，1342～1382 年在位）將周邊
　　國家合併或納為屬國，不僅使匈牙利王國獲得廣闊的領土，經濟、文化也極其興
　　盛，匈牙利人為了讚頌他的功績，尊稱他為拉約什大王 (Lajos Nagy)。而馬加什
　　一世（Hunyadi Mátyás，1458～1490 年在位）曾因王位繼承問題與哈布斯堡家族
　　發生爭執，而後引發戰爭，一度占領奧地利首都維也納。

族。馬扎爾人的游牧生活在 895 年結束，身為族長的阿爾帕德
(Árpád) 大公征服羅馬人、匈奴等許多民族都曾占據的喀爾巴阡盆地
(Carpathian Basin)[6] 後，匈牙利的歷史時代就此展開[7]。

在開始定居之前，馬扎爾人長久以來都過著游牧生活。因為必
須隨時移動，沒有時間悠閒地用餐，所以偏好一次製作大量食物、
再分給多人享用的高效率方式，也偏愛作法簡單的料理。因為沒有
另外興建廚房，所以很難製作用油翻炒或用烤箱烤的食物，最發達
的便是燉煮類的料理。馬扎爾人會在被稱為 bogrács 的巨大鐵鍋中放
入各種食材熬煮成湯，成為他們的主食[8]。只要從森林或原野中取得
木塊用來生火，再把從溪邊打的水倒進鍋中煮滾就行了，可說是最
適合游牧民族的料理了。再加上湯是即使只用少量食材烹煮，也能
煮出一大鍋、填飽眾人肚子的好料理。匈牙利王國建立以來，雖然
已經開始從事農耕，但馬扎爾人熱愛熱騰騰燉湯的心意至今不變。

另一方面，匈牙利畢竟是游牧民族的後裔，眾多牧人飼養的灰
牛有優良的皮革、皮毛、牛角及肉質，無一處可棄，在歐洲各地都

6　也被稱作潘諾尼亞盆地，是多瑙河周邊的盆地，包括匈牙利全域及周圍的斯洛伐
　　克、烏克蘭、羅馬尼亞、塞爾維亞、克羅埃西亞、斯洛維尼亞、及奧地利等國的
　　一部分。

7　Pal Engel, Andrew Ayton, *The Realm of St Stephen: A History of Medieval Hungary,*
　　895–1526, London: I.B. Tauris, 2001.

8　Sari Edelstein, *Food, Cuisine, and Cultural Competency for Culinary, Hospitality,*
　　and Nutrition Professionals, Massachusetts: Jones and Bartlett Learning, 2011.

漁夫湯和古拉什同樣是最具代表性的匈牙利料理，在餐廳很常看到。

享有很高的評價。早從九世紀左右起，匈牙利的牧人們就會五、六人結群，一起趕著牛群四處兜售，每次離開家，就必須度過好幾個月艱苦的露宿生活，連三餐都沒辦法好好正常吃。偶爾有商品價值不高的牛，據說牧人還會把牠們宰來吃以恢復體力。但一整頭牛的肉就算有好幾名壯丁一起分食，也很難一次完全吃完，所以會把肉切成小方塊，和洋蔥、野生香草等一起放入大鐵鍋中，加入一點水來燉煮。之後把收乾水分的食材放在太陽底下曬乾，放進用羊腸製作的袋子裡，路上需要用餐的時候，就可以再次加水煮成湯享用。

　　燉煮後曬乾的食材可以維持很長一段時間不會腐敗，能迅速且方便地填飽肚子。牧人們（跟他們的祖先一樣）在長距離移動中為了簡便享用而發明出來的湯品，正是古拉什9。用現代食物來比喻的

話，就像泡麵裡的配料和調味粉，是一種保存食品。如前所述，古拉什在匈牙利語中是 gulyás'，gulya 是牛群，而衍生出來的單字 gulyás' 則是「牧牛人」的意思。

在此稍微想像一下，從前牧人們吃的古拉什會是怎樣的食物呢？想必不會非常好吃。今天匈牙利的古拉什裡，紅椒粉是不可或缺的調味料，它就是那個讓湯帶有獨特香辣滋味的功臣。這個由哥倫布從美洲大陸帶來的魔幻紅色蔬菜，從匈牙利還處於鄂圖曼帝國統治的十六世紀末起，就開始在此栽種。然而紅椒粉開始被加入匈牙利料理中，則是要到十九世紀之後。起因是拿破崙為了封鎖英國，於 1807 年對歐洲國家強制下了「大陸封鎖令」。由於英國商船無法出入，匈牙利的主要進口商品——胡椒的供應鏈也隨即中斷。當時匈牙利的料理主要是依賴胡椒和大蒜調味，因此受到相當嚴重的打擊。在這之後，為了代替胡椒的辣味，便開始使用紅椒粉作為調味料。在這之前比起調味，紅椒粉比較像是拿來增添色澤用的[10]。簡而言之，匈牙利的古拉什原本並沒有加入香辣的紅椒粉，而是淡淡的清湯。

好比拿掉加辣椒的調味粉包，只用乾燥食材煮成的白淨泡麵，實在讓人提不起胃口。這樣的泡麵味道很明顯已經不能說是清淡甘美，而是「淡而無味」了。雖然兩者很難直接拿來對比，但我想馬

9　Sari Edelstein, *Food, Cuisine, and Cultural Competency for Culinary, Hospitality,and Nutrition Professionals*, Massachusetts: Jones and Bartlett Learning, 2011.

10　Joanne Sasvari, *Paprika: A Spicy Memoir from Hungary*, Toronto: CanWest Books, 2005.

吊掛在匈牙利小店門口的紅椒和大蒜。匈牙利紅椒跟我們熟知的紅椒不同，長得像辣椒般細而纖長，像這樣將紅椒掛起來販售，是匈牙利市場常見的景象。

扎爾牧人們吃的古拉什，是不是就類似這種感覺呢？因為古拉什是攜帶用的保存食物，裡頭陳放數日的牛肉想必充滿濃濃腥味，可以想見馬扎爾人每次煮古拉什的時候，都會從周圍的草地採摘香草，看到什麼就丟進鍋裡，拚命想多少壓住一點腥味。至於衛不衛生，實在難以計較了。如果想憑陽光曬乾古拉什，就必須長時間暴露在空氣中，但既然是瀰漫肉味的食物，就不可能不引來蒼蠅群聚。

說起來，古拉什過去比較接近牧人們用來填飽肚子的權宜之計。但進入十九世紀後，卻忽然崛起成為匈牙利的國民料理。雖然用紅椒粉增添色香味也是古拉什崛起的主因之一，但更大的原因則來自奧匈帝國主義的影響。「古拉什、奧地利、帝國主義」這個組合乍看之下有點奇怪，三者之間到底有什麼關係呢？要回答這個問題，就必須向上追溯到一千年前的匈牙利才行。

在哈布斯堡帝國主義下爆發的古拉什民族主義

始於 895 年，馬扎爾人的阿爾帕德家族所統治的匈牙利阿爾帕德王朝，一直延續了約四百年，直到 1301 年告終。儘管定居在多瑙河流域，匈牙利人仍被歐洲的其他王國認為是信仰薩滿的野蠻人。另一方面，因為匈牙利隨時可能會侵略西邊的基督教各王國，殘忍施加暴力與殺戮行為，所以他們也被視為令人恐懼的對象。曾威震一時的匈牙利，在 955 年的第二次萊希菲爾德 (Lechfeld) 之戰大敗於東法蘭克王國的鄂圖一世，之後便逐漸式微。打敗異教徒馬扎爾戰士的鄂圖一世，成為守護基督教的歐洲第一強人，他在 962 年被羅

馬教宗加冕為神聖羅馬帝國的第一位皇帝。

　　威勢大減的匈牙利由阿爾帕德家族後繼者沃伊克 (Vajk) 領導，他接納基督教，建立匈牙利王國。匈牙利這原本屬於亞洲異教野蠻人的土地，自此真正被融入了歐洲國家之列。站在沃伊克的立場，他能藉此阻擋鄰近的神聖羅馬帝國以傳播基督教作為藉口趁隙侵略，同時另一個目的則是想得到教宗對其王位的認證，確立王權。他受洗後改用基督教名伊什特萬 （匈牙利語 István，即史蒂芬 [Stephen]）。

　　伊什特萬一世不僅引進了基督教，也參考其他歐洲王國的例子，確立政令及法律，清除部族國家殘存的後患。然而國家內部的反抗也不小，其他王族及部族首長擔心王權強化會使自己的飯碗不保，因而埋下激烈的王位爭奪與叛亂的導火線。伊什特萬一世死後，皇室間爭權奪位的戲碼不停上演。過程中連神聖羅馬帝國、拜占庭帝國等周邊國家都介入，使匈牙利陷入一片亂局。就在國力衰弱之際，十三世紀又遭到蒙古侵略，甚至有許多人民遭到屠殺。

　　在這之後，繼承王位的阿爾帕德家族後繼無人，其他覬覦匈牙利王位的歐洲王族展開廝殺，最後由安茹家族繼承。匈牙利王國在 1526 年與鄂圖曼帝國之間的第一次摩哈赤 (Mohács) 戰役中大敗，之後逐漸走上衰敗的道路。匈牙利國王拉約什二世在這場戰役中戰死，沒有留下子嗣，領土被國外勢力瓜分，整個國土淪為歐洲與伊斯蘭的戰場。如此亂世一直持續到 1541 年，首都布達 (Buda) 最終遭到鄂圖曼帝國占領。

伊什特萬一世因為向馬扎爾人傳播基督教有功，被封為聖人。布達佩斯廣場的名勝要地聖伊什特萬聖殿，就是在 1905 年為了紀念他而興建的。

　　大部分的匈牙利領土就這樣落入鄂圖曼帝國的手中。另外,西北邊有部分歸在哈布斯堡轄下,東邊的一部分則由鄂圖曼帝國的諸侯國東匈牙利王國（日後的外西凡尼亞公國）占據。鄂圖曼帝國要求匈牙利人民從事農耕,並像奴隸般隨意役使人民,但這並沒有持續很久。十七世紀中葉後,鄂圖曼帝國因為內部的權力鬥爭日漸衰弱,奧地利的哈布斯堡皇室便趁隙於 1686 年奪回布達,並在 1699 年占下匈牙利全境。歷經一百五十八年,匈牙利終於擺脫伊斯蘭的統治,回歸歐洲,對曾是基督教徒的匈牙利人而言非常安心,因此人民一開始很歡迎哈布斯堡皇室成為匈牙利的新主人。然而哈布斯堡帝國與鄂圖曼帝國如出一轍,同樣只於將匈牙利視為農業生產地與軍事基地。

　　十八世紀以後,在歐洲因工業革命、民主主義及科學、哲學的發展大幅進步的同時,匈牙利卻仍維持中古封建的農耕生活。哈布斯堡皇帝約瑟夫二世取消形式上流傳下來的匈牙利王位,另一方面禁止使用馬扎爾語,強制推行德語,意圖抹滅匈牙利的主體性,使其與奧地利同化,進而成為奧地利永久的殖民地。匈牙利的民族主義運動,就是以反對帝國政策的馬扎爾貴族為核心展開。

　　在哈布斯堡帝國治理下的匈牙利,獨立運動的聲勢越發浩大,也開始有人重新反思馬扎爾固有文化,想要將其發揚光大。尤其在十九世紀初,讚揚過去馬扎爾號令歐洲大陸的榮光與游牧民族文化的文學作品陸續面世,被稱為浪漫民族主義 (romantic nationalism)[11],古拉什就是在浪漫民族主義中作為馬扎爾傳統料理被重新發現的。

前文也提過，古拉什曾是匈牙利牧人到處販售牛隻時所吃的粗食。匈牙利貴族們對於這種食物本來不屑一顧，但為了對哈布斯堡文化表示抵抗，富有民族意識的貴族開始在餐桌上享用古拉什。在民族主義的潮流中，牧人等於是游牧民族馬扎爾人的初始面貌，而他們吃的古拉什，自然能成為與奧地利抗衡、必須由整個民族守護的飲食文化資產。隨著時間演進，古拉什超越了階級，成為匈牙利人與匈牙利文化主體的象徵。在這樣的背景下，當時引發的民族主義又稱為「古拉什民族主義」12。

當然，為了配合貴族的身分，古拉什的型態也進化得更高級。原本是在巨大鐵鍋中加入存放數日的肉類和野生香草熬煮的古拉什，搖身一變成為使用新鮮牛肉柔嫩的瘦肉和新鮮蔬菜，經細心燉煮後裝在精美瓷器中端上桌的華麗料理13。貴族的口味各自不同，所以調理法和味道又變得更加多樣化。首先，1820 年代，匈牙利開始廣泛使用紅椒粉作為調味料，古拉什便增添香辣爽口的風味。而使用歐洲各國皇室作為救荒作物獎勵栽種的馬鈴薯，搭配肉類、洋蔥一起作為湯的主要材料，也是從這個時候開始的。

11　Lotte Jensen, *The Roots of Nationalism National Identity Formation in Early Modern Europe, 1600–1815*, Amsterdam: Amsterdam University Press, 2016.

12　Michelle Marie Metro-Roland, "Goulash nationalism: The culinary identity of a nation," *Journal of Heritage Tourism* 8 (2–3), 2013.

13　Angela Jianu, Violeta Barbu, *Earthly Delights: Economies and Cultures of Food in Ottoman and Danubian Europe, c. 1500–1900*, Leiden: BRILL, 2018.

　　此時也出現湯汁充沛，作為湯品飲用的古拉什，以及熬到收汁的燉菜型古拉什。燉菜型的古拉什在匈牙利被稱為 「波蔻特」（pörkölt，匈牙利燉肉），意為 「輕炒至表面微焦的程度」。作為古拉什的另一種料理方式，波蔻特是在生肉表面抹上紅椒粉、鹽等調味後再進行調理。據說這樣就會散發出直火燒烤般的香氣，這就是為何它雖屬於燉煮類料理，卻被命名為波蔻特。匈牙利還有一種把酸奶油加在波蔻特上享用的 「帕皮卡」 (Paprikás)，主要用鹿肉或雞肉製成，有時候會用未發酵的鮮奶油或些許麵粉代替酸奶油，並在料理完成後、上桌前加入。匈牙利前領土外西凡尼亞（現羅馬尼亞）的波蔻特，則被稱為 Tokány，它是一種以蒙古式烹調法為基礎，保留原本肉汁滋味的燉肉[14]。

　　十九世紀中葉，這道波蔻特在哈布斯堡帝國的中心奧地利以「古拉什」之名廣受歡迎[15]，受奧地利統治的波西米亞、波蘭等其他地區也一樣，匈牙利貴族招待海外貴賓的時候，必定會送上這道料理[16]。為侵略者奧地利人準備的餐桌，竟然擺著復興匈牙利民族主義的古拉什，儘管不知道是否別有用意，但無論如何，燉菜風格的古拉什

14　George Lang, *The Cuisine of Hungary*, Berlin: Atheneum, 1971.

15　關於波蔻特和維也納式古拉什的傳播過程，有出現不同意見。奧地利餐飲業主張維也納式古拉什只參考了古拉什的食材，其餘則由維也納人自行研發，是屬於他們的傳統鄉土料理。

16　Louis Szathmary, *Food in Motion: The Migration of Foodstuffs and Cookery Techniques*, London: Prospect Books, 1983.

也立刻抓住奧地利人的味蕾,登上了奧地利料理書和餐廳的菜單。

愛上「反叛者」古拉什滋味的奧地利皇帝

匈牙利民族主義者堅忍不拔的獨立鬥爭,最後並沒有成功。1848 年的匈牙利革命雖然延燒成戰爭,持續了一年之久,最終還是敗給奧地利軍。匈牙利獨立軍被奧地利軍活捉為俘虜,獨立戰爭的主角們被處以極刑。哈布斯堡的年輕皇帝法蘭茲‧約瑟夫一世(Franz Joseph I),則以更高壓的方式統治匈牙利。

革命雖失敗,但也留下部分成果。十九世紀中葉,哈布斯堡的奧地利帝國內外都相當不安定,外部因普魯士統一德國,帶來的威脅與日俱增;另一方面,內部則持續著以匈牙利為首的捷克、波蘭、義大利、斯拉夫等非德裔民族的反抗行動。奧地利帝國雖然是個橫跨中歐與東歐擁有龐大領土的大國,但因為是多民族國家,團結力自然不強。1866 年,在與普魯士的交戰中敗北後,國家財政面臨崩潰,加上各民族紛紛提出獨立的要求,使帝國陷入解體危機。因此,哈布斯堡皇室決定在 1867 年與國內勢力第二大的馬扎爾貴族妥協,承諾返還匈牙利王國,於是便誕生雙元君主國——奧匈帝國。

儘管匈牙利王國的國王由哈布斯堡家族的奧地利皇帝兼任,但匈牙利則得以組織自己的政府與議會。雖然在外交、國防和財政方面需要獲得奧地利的許可,但立法、司法、行政等層面則享有自治權,而外交問題也未完全排除匈牙利的立場。這個雙元君主國存在的期間是 1867 到 1918 年,同屬兩國的外交部長總共有十二人,其

中七位是奧地利人，五位是匈牙利人[17]。簡單來說，奧匈帝國就像是一間公司，雇主與受雇人改變地位，轉換為合夥人，而只有董事長一職由哈布斯堡皇室擔任。以匈牙利貴族的角度看，在俄羅斯等周邊強國的威脅下，與其逞強獨立，他們判斷倒不如在帝國的框架下生存還相對安定，而如果想把屬於匈牙利王國領土的巴爾幹半島、斯洛伐克等多個異民族繼續綁在一起，也需要哈布斯堡的控制力。

此後，奧地利與匈牙利的關係從打壓與對立轉變為尊重與共存。在這樣的氣氛下，匈牙利貴族們每到冬天就會因奧匈帝國的公務等原因造訪維也納，並長期滯留在此。人與人之間頻繁的互動，自然而然延續為文化上的交流。十八世紀起，奧地利文化開始深受法國影響，因此當時維也納的上流社會文化便帶有日耳曼族特有的典雅，及法國的時尚美感，這對奧地利人而言，充滿著不同於游牧民族的異國情調。其實奧、匈這兩個民族從很久以前就已經結下不解之緣，從征服與被征服的角色轉變為同伴，或許是個讓馬扎爾文化得以被重新發現的契機。

無論什麼原因，維也納社交圈開始掀起一股匈牙利潮流，音樂是其中的代表項目。約翰尼斯‧布拉姆斯 (Johannes Brahms) 在奧匈帝國成立不過兩年之後，即 1869 年在維也納發表了十首《匈牙利舞曲》[18]。用快節奏表現陰鬱吉普賽曲調的〈匈牙利舞曲第五號〉在整

17　鄭成浩（音譯）等四人，《中歐民族問題：以奧匈帝國為中心》（暫譯，原名《중유럽민족문제：오스트리아，헝가리제국을중심으로》），東北亞歷史財團，2009。

個歐洲受到熱烈注目，是一首連不關心古典音樂的人會聽過的名曲。
在維也納的餐廳聆聽充滿匈牙利風情的演奏，一邊享用匈牙利美
食——這件事有如風潮般迅速流行起來。此時餐桌上的料理正是古
拉什[19]。前面也有提到，古拉什早在匈牙利獨立抗爭高漲之時，就已
經透過料理書等管道在奧地利享有不小的名氣，但隨著維也納開始
盛行匈牙利風，古拉什也因此獲得爆發性的人氣，幾乎像傳統料理
般有著穩固的地位。

　　奧地利廚師們偏愛在古拉什中加入麵粉的「維也納式古拉什」
(Saftgulasch)。因為比起水量較多的湯，當時維也納最流行的是加入
炒麵糊 (roux)，使湯變得黏稠濃郁的法式燉湯。以奧地利為首，英
國、德國、俄羅斯等歐洲先進國家的貴族，都對法式料理尤其執著。
好像只要是法式，什麼看起來有點奇怪的東西都吃得下去。他們對
於法式風格的熱愛，也不只限於食物。早在更久之前的十七～十八
世紀，歐洲各國皇室便已經沉迷於法國時尚、法國建築、法國家具
等，在食衣住行各方面都想效仿法國風格。

　　當時法國波旁王朝的宮廷文化窮極奢華，歷代國王們將大名鼎
鼎的主廚、設計師、建築家們召入宮中，奢侈地享受著由頂級人才、
頂級材料所創造出的美食、華服及建築，其中至高無上的傑作就是

18　包括在這之後發表的曲目，布拉姆斯的《匈牙利舞曲》總共有二十一首。布拉姆
　　斯雖然出身德國，但主要是在奧地利維也納進行他的音樂活動。

19　Max Graf, *Legend of a Musical City: The Story of Vienna*, Whitefish: Literary
　　Licensing, LLC,, 2012.

我們也很熟悉的凡爾賽宮。當然，如此奢靡的享樂方式是仰賴法國人的民脂民膏才得以實現，皇室召開舞會的時候，大多數人民則在飢餓和病痛中受難、死亡。如此積累下來的民怨最終引爆 1789 年的法國大革命。國王、皇后及貴族一一在斷頭臺上遭到處刑，忽然失業的皇家御廚們政治、社會陷入一片混亂狀態的法國，接受英國、奧地利、俄羅斯等國的皇室或貴族聘用。因此進入十九世紀，法式料理便開始在歐洲各地上層階級的餐桌上打下根基。在這樣的風潮下，透過法式烹調法升級為高級料理的古拉什，也成為奧地利皇室情有獨鍾的日常菜色。據說曾殘忍鎮壓匈牙利獨立運動的法蘭茲‧約瑟夫一世皇帝，就非常喜愛古拉什。

不同於匈牙利的古拉什，濃稠的維也納式古拉什是屬於味道比較重的料理，所以經常被拿來搭配凱薩麵包 (Kaiser semmel) 等麵包捲享用。最近也會像醬汁一樣淋在「德式麵疙瘩」(Spätzle) 或「奧地利式麵疙瘩」(Nockerl) 上享用。或許是因為在地化如此成功，在奧地利也流傳著另一個說法，認為匈牙利的波蔻特，是奧匈帝國時期發明的維也納式古拉什反向傳回匈牙利的食物。而部分學者及主廚們，則主張從材料和料理方式的差異來看，波蔻特和維也納式古拉什是完全不同的料理，只不過名字都是從匈牙利語的 gulyás' 這個詞而來的。

在維也納引領古拉什風潮的並不只有皇室和貴族，匈牙利軍人也盡了一份力。隨著奧匈帝國成立，匈牙利帝國國防軍為了守護國王（奧地利皇帝），便駐屯在維也納。無數旅居異國土地的匈牙利士

兵，在軍中常享用故鄉的古拉什，於是奧地利軍人們也自然而然地一同享用到古拉什。再加上古拉什做法簡單，用湯勺裝進器皿也很方便，非常適合作為軍隊的伙食。用附有煙囪，長得像大砲般的移動式炊事拖車煮好之後，就能馬上提供給士兵們，意為「野戰廚房車」的德文詞彙「古拉什大砲」(Gulaschkanone)，就是從這個意義衍生出來的單字。

除了軍人之外，還有其他人深陷古拉什的美味之中，就是馬伕。奧匈帝國的領土比法國和德國更大，人口則是繼俄羅斯、德國之後占歐洲第三名[20]。這個大帝國的首都維也納，聚集了從世界各地來的人們。因為是在路面電車或汽車普及的更早之前，無數市民及訪客都是使用馬車作為交通工具。當然，馬車的生意迎來盛況，維也納市中心的馬伕人數也急速增加 （前面提過的馬伕古拉什就是源自當時馬伕們享用的古拉什）。就像現代的計程車司機一樣，馬伕們因為需要頻繁移動，沒有時間好好享用三餐。含有肉類，又極具飽足感的古拉什，最適合用來填補他們空虛的胃了。但是馬伕的口袋也不算深，所以價格必須低廉才行。為了降低單價，餐廳沒有減少肉量，反而選擇加入價格相較便宜的火腿或荷包蛋、酸黃瓜、麵包捲、奧地利餃子等，推出食材豐富的馬伕古拉什。

至於帝國其他地區的人們，同樣也將造訪維也納時吃到的古拉

20　鄭成浩（音譯）等四人，《中歐民族問題：以奧匈帝國為中心》(중유럽민족문제 : 오스트리아，헝가리제국을중심으로)，東北亞歷史財團，2009。

維也納式古拉什跟匈牙利的古拉什比起來湯汁明顯少很多，右下方是凱薩麵包，是用麵粉、酵母、麥芽等製作的堅硬麵包，表面有風車狀割線，是特色之一。

什帶回故鄉，配合各自的口味，以稍有差異的方式料理享用。曾是奧匈帝國領土的捷克、斯洛伐克、克羅埃西亞、塞爾維亞、斯洛維尼亞、波蘭以及義大利東北部等，這些地方之所以會像在地料理般把古拉什列入餐廳菜單，原因就在這裡。在維也納餐飲業蔚為風潮的古拉什，甚至流傳到與奧地利交流頻繁的德國、法國等外國。法國主廚愛斯克菲爾（就是讓羅宋湯在法國大流行的那位主廚）在1879 年把「匈牙利風古拉什」(Goulash à la Hongroise) 加入蒙地卡羅 Grand Hotel 的餐廳菜單中；接著 1903 年，他甚至在自己的著作《烹飪指南》(*Le Guide Culinaire*) 中介紹古拉什的食譜。

在奧匈帝國的繁榮與歐洲知名主廚、美食家的熱情關注下，古拉什就這樣升格為世界級的料理。但傳播至帝國內外的古拉什，已不再是匈牙利風格的湯品，而是跟波蔻特或維也納式古拉什比較接近的燉肉型態。因此如果在歐洲提到 goulash 的話，大部分的人比較容易聯想到燉菜類的料理。

美式古拉什與「肉湯共產主義」

奧匈帝國成立之後，匈牙利社會（表面上）維持著安定，邁向建國第一千年（1896 年）。這時首都布達佩斯陸續建起了英雄廣場、國會大廈、漁人堡[21]等氣派的建築物，1896 年地下鐵開始營運，是

21　英雄廣場於 1896 年開工，1929 年竣工；國會大廈於 1885 年開工，1904 年竣工，而漁人堡是 1895 年開工，1902 年竣工。

世界第二早的國家 （僅次於英國倫敦 1863 年）。但國家內部仍有許多亟待解決的問題。儘管標榜彼此是同伴關係，不過雙元君主國的主導權，無論如何還是在奧地利的手上，匈牙利人等於是帝國的次等公民。這種隱約的歧視使匈牙利人累積許多不滿。

匈牙利議會對奧匈帝國的合併有分贊成派與反對派，因此產生尖銳的矛盾，導致國家輿論分裂。反對派政治人物中，有不少主張必須立刻從奧地利獨立的強硬派人士，這些人取得匈牙利議會多數後，甚至發生奧地利皇帝拒絕內閣的事件。另外，匈牙利政府因為過度強調馬扎爾民族主義，刺激到境內其他民族的反感，同樣成為引發社會不安的主因之一。

匈牙利遠比西歐落後的經濟與產業，也是很大的問題。雖然跟奧匈帝國之前的時代相比，匈牙利的經濟有顯著發展，但直到二十世紀初期，匈牙利不僅對農、畜牧業的依賴程度很高，工商業的發展速度也明顯緩慢。不管是馬扎爾人或其他民族，貧窮的匈牙利人民為了生存只得離鄉背井。從 1880 年起到第一次世界大戰爆發的 1914 年為止，移民至美國的人口據說高達一百八十萬人。而古拉什也跟著無數移民一起跨過大西洋。因此，美國的料理書上也開始介紹古拉什的食譜。

當然到了新的居所，無論是古拉什的材料或是調理方式，都面臨巨大的改變。1922 年美國營養師伯塔‧M‧伍德 (Bertha M. Wood) 的著作《源自外國的食物》(Foods of the Foreign-Born) 中刊出的食譜，就漏掉可說是古拉什關鍵材料的紅椒粉[22]。為了配合美國人

口味而改變的古拉什，很快就被劃分出來命名為「美式古拉什」(American goulash)。不同於傳統的古拉什，它的特徵是不僅沒有湯汁，還加入大量通心粉、起司和番茄醬汁，並放入絞肉取代肉塊。與原本的古拉什差異很大，乍看之下根本不會讓人聯想到是系出同門的食物。雖然一開始作為移民食物，還保有一些特色，但隨著歲月流逝，無論在食材或飲食文化方面，都會趨向在地化的發展。

總而言之，匈牙利人從十九世紀起便開始移民至美國，一直延續到第二次世界大戰，美國的「古拉什人口」也持續增加。這是因為第一次世界大戰之後，匈牙利始終脫離不了混亂的環境。正如各位所知，1914 年奧地利的斐迪南大公夫妻在塞拉耶佛遇刺身亡，以此為導火線引爆第一次世界大戰。奧地利立刻向塞爾維亞宣戰，匈牙利內部雖然存在參戰與否的爭議，但最終還是選擇參戰，結果戰敗。

成為戰場的匈牙利有六十六萬多人因此死亡，本就不足的工業基礎建設全數遭到破壞，農業生產量只剩下一半。匈牙利經濟崩潰到幾乎難以恢復的程度。而勝利的協約國在促使奧匈帝國解體後，為了追究支持奧地利的責任，以 1920 年的《特里亞農條約》[23]將匈

22　Lucy Lean, *Made in America: Our Best Chefs Reinvent Comfort Food*, New York: Welcome Books, 2011.

23　參與第一次世界大戰的協約國與匈牙利之間簽署的條約。主要內容是透過分開奧地利與匈牙利使奧匈帝國解體，並認可原本位於匈牙利領土內的捷克斯洛伐克和南斯拉夫為獨立國家。匈牙利需割讓領土給捷克斯洛伐克、南斯拉夫、奧地利、羅馬尼亞等周邊國家，並縮減軍備、賠償戰爭損害等等。

美式古拉什。就像只有名字相同，味道、食材、外型、口感等都截然不同的拿坡里披薩和芝加哥披薩，美式古拉什和匈牙利的傳統古拉什，光看外表就有很大的差異。

牙利國土徹底撕裂。根據條約內容，匈牙利必須割讓領土，國土只剩下原本的三分之一，本來超過兩千萬的人口只剩下七百六十萬人，匈牙利從此淪為弱勢的小國。

在這絕望的情況下，匈牙利的領導階層迷失了方向。第一次世界大戰後，受到十月革命影響，匈牙利暫時成立匈牙利蘇維埃共和國；而第二次世界大戰時，則加入德國納粹陣營。在匈牙利內部展開反納粹運動的同時，希特勒便出兵占領布達佩斯。戰爭結束之後，匈牙利跟其他東歐國家一樣加入蘇聯勢力，開始共產黨的獨裁專政，曾居住在匈牙利的無數猶太人於是選擇移民美國。他們和他們的後代在美國的政界、財經界、科學、媒體、演藝、體育各方面都有傑出的表現，例如：雅詩‧蘭黛 (Estée Lauder)、卡爾文‧克雷恩 (Calvin Klein)、小勞勃‧道尼 (Robert Downey Jr.)、歌蒂‧韓 (Goldie Hawn) 等人，族繁不及備載。總之，移民人口增加，他們加入美國主流社會後，古拉什也成為美國的大眾料理。

十九世紀透過奧地利帝國傳播至歐洲的古拉什，到了二十世紀又在美國扎根，成為全世界知名的料理。或許因為如此，這獨特的料理名字便成為象徵匈牙利國家與民族的代名詞，例如「肉湯（古拉什）共產主義」(Gulyáskommunizmus) 就是如此。

1956 年，布達佩斯爆發高喊反共、反蘇聯的「匈牙利革命」，使得匈牙利共產黨在 1960 年代以後開始採取柔和的政策，與西方世界交流或引進部分市場經濟、推動改革等，與其他東歐國家大有不同，這正是所謂的「肉湯共產主義」。就像古拉什加入肉、洋蔥、馬鈴

薯、香草等豐富食材熬煮一樣，匈牙利式的共產主義，也蘊含著互相組合不同意識型態，打造出新體制的意義。同樣地，匈牙利在1989年結束共產主義的一黨專政，改為資本主義的民主共和國體制一事，則被稱為「肉湯資本主義」；而1970年代在匈牙利電影界流行的持槍動作片，也援引好萊塢西部片之意，被稱作「肉湯西部片」(Goulash Westerns)。

哈布斯堡皇室後代親手製作的古拉什

1918年，隨著第一次世界大戰終結，哈布斯堡皇室的命運也隨即結束。末代皇帝卡爾一世 (Karl I) 在奧地利變更為共和政體後遭到罷黜，流亡瑞士。在奧地利遭到背棄的他嘗試復位為匈牙利國王，但遭到匈牙利政界反對，宣告失敗。雖然哈布斯堡出身的匈牙利國王已然不在，但在奧匈帝國時代，兩國之間的政治交流相當頻繁，因此也有出身哈布斯堡家族的人在匈牙利政府位居高官，現在依然如此。

愛德華‧哈布斯堡 (Eduard von Habsburg-Lothringen) 就是其中一人，他從2015年起在梵蒂岡擔任匈牙利大使。愛德華出生於德國慕尼黑，久居奧地利維也納，雖然不太會說流暢的匈牙利語，但因為家族曾在匈牙利位居要職，他也接班成為公職人員。2018年12月，他在自己的社群網路帳戶發布有趣的影片和照片，被匈牙利媒體報導後引起話題。他的貼文標題是「如何製作匈牙利式的古拉什（波蔻特）」(How to make Hungarian Goulash [Pörkölt])。約莫十分鐘

的影片裡，有愛德華圍著圍裙親手製作古拉什的過程，還有介紹匈牙利古拉什等內容。背景音樂則是布拉姆斯的〈匈牙利舞曲第五號〉。雖然不知道滋味如何，但完成的古拉什看起來挺像樣的。他還補充說明：「這是我這輩子第一部料理影片，因為平常幾乎沒有在煮飯，所以各位請不要期待我有傑米‧奧利佛 (Jamie Oliver) 的實力。」

雖然不是繼承血統的直系血親，但愛德華是過去奧地利帝國法蘭茲‧約瑟夫一世皇帝的第五代孫子（因皇太子自殺等複雜的家庭問題，導致皇帝沒有後嗣能傳位，只能將姪子納為養子）。如前所述，約瑟夫一世在 1848～1849 年鎮壓匈牙利獨立戰爭，殘忍處刑被捕為俘虜的民族主義者，因此留下惡名。或許是恨意至深，一個匈牙利民族團體的成員在 1853 年拿刀刺向在維也納散步的他，試圖謀殺皇帝。在 1867 年成立奧匈帝國，尋求共存，兼任兩國君主的主角也正是這位約瑟夫一世。這位皇帝的第五代孫子，親手製作了象徵匈牙利民族主義的料理——古拉什，甚至還拍下影片宣傳，的確是一件值得被報導的事。

也罷，就連約瑟夫一世自己也不顧與匈牙利之間的愛恨情仇，據說他生前同樣為古拉什的美味著迷不已……果然世界真的變了很多哪！

5 沙嗲，
從印尼到荷蘭

　　2018 年 9 月，印尼旅遊局公布了他們選定的印尼國民美食。肉湯索多 (soto)、燉肉仁當 (rendang)、印尼炒飯 (nasi goreng)、烤肉串沙嗲 （satay， 又作 saté、 sate），以及花生醬沙拉加多加多 (gado-gado)。由官方指定國民料理已經很罕見，更有趣的是種類竟然多達五種。

　　當時的印尼旅遊局局長阿里夫・葉海亞 (Arief Yahya) 表示，之所以會選出多達五種的國民美食，是因為「我國有太多種料理了」。不管個性多果斷，走進一間美食種類豐富的餐廳，想必很難輕易做出決定，印尼旅遊局也陷入了類似的煩惱中。印尼人口約有兩億七千萬人（世界排名第四），國土面積是一百九十一萬九千四百四十平方公里，是韓國的十九倍以上[1]。像這樣人口眾多，國土寬廣的國家，看起來再怎麼精挑細選也很難低於五樣美食。

　　當然，印尼人口跟中國或印度比起來少上許多，面積也只是跟韓國比感覺很大，如果對手換成俄羅斯的話，則相較小很多。不過，印尼是個島國，大大小小加起來足足有一萬七千五百零八個島嶼，而有人居住的島嶼超過六千個。島嶼的特性是各地區長久以來各自獨立，所以會發展出不同的文化。再加上這些數量驚人的島又狹長地分布在東西兩側，西邊是印度洋，東邊則橫跨至太平洋。東側末端到西側末端的距離足足是地球周長的八分之一，時差則長達三個小時（這還是印尼政府考慮方便性調整的結果，如果參考周邊國家

1　譯註：約為臺灣的五十三倍。

時區，時差應是四小時才對）。與其接壤的國家有印度、澳洲、泰國、越南、馬來西亞、菲律賓、巴布亞紐幾內亞、新加坡、東帝汶、帛琉等，高達十個國家。

此外，印尼民族的組成也很多元。印尼原住民人種有爪哇人、巽他人、馬來人、巴塔克人、馬都拉人等等，分屬各人種的民族數量總計有三百多族。雖然官方語言是印尼語，但各地的眾多民族都有各自使用的語言與方言。同樣地，雖然印尼被認為是伊斯蘭國家（穆斯林占 80% 以上），但也有基督教、印度教、佛教等各式宗教。把上述事實都考慮進去的話，印尼有「太多種料理」這番言論，讓人不禁點頭稱是。

印尼料理雖然非常多元，但目前在韓國還不容易找到印尼專門餐廳。韓國餐飲業界的東南亞料理，還是由泰國和越南料理占大宗，很多韓國人都愛吃他們各自的代表名菜——冬蔭功（泰式酸辣湯）和越南米線。而印尼炒飯作為著名印尼食物之一，同樣也不亞於以上兩道菜色，在年輕世代中知名度很高，因為泰國或越南餐廳的菜單上都有它。

嚴格來說，印尼炒飯並不是印尼的傳統料理，而是在中式炒飯中加了印尼調味料和食材。從中國跨海而來的菜餚，之所以會成為今天印尼的人氣國民料理，很大程度和悶熱的天氣有關。印尼位於赤道，高溫多溼的熱帶氣候導致儲備的食材和做好的料理都很容易腐壞，米飯更是如此。在沒有冰箱的時代，如果沒有把煮好的飯馬上吃完，很快就會變質，只能通通丟掉。

印尼語「nasi goreng」是「炒飯」之意，常作為早餐享用。材料有各式各樣的變化，主要常加入雞肉或蝦子，雞蛋會打散與米飯一起翻炒，有時也會煎成荷包蛋鋪在飯上享用。

　　印尼的中式炒飯正好可以解決這個問題。在剩下的飯變酸之前，加入調味料再用油加以翻炒，就可以減緩壞掉的速度。當然，印尼各地都有特產，加進炒飯的食材也各自不同。蘇門答臘 (Sumatra) 島上會加鹽漬鯷魚，爪哇 (Java) 則會加入棕櫚糖（椰糖）。印尼飲食文化中，為數眾多的傳統料理都像這樣，和外國料理交流後迸發出獨特風味。因為印尼從很久以前便開始持續受外來勢力侵略，海上交流也很頻繁。畢竟印尼位在連結東亞和西亞的重要航線——麻六甲海峽，是地緣政治上不可避的宿命。印尼的民族組成之所以複雜，且有許多混血兒的原因就在這裡。

　　同樣地，印尼料理也曾深入其他國家的飲食文化，例如對荷蘭就產生巨大的影響。甚至有傳聞指出，除了印尼之外，擁有最多印尼餐廳的國家就是荷蘭。在阿姆斯特丹、鹿特丹、海牙 (Den Haag) 等大城市，將中式、荷蘭式印尼餐館都算進去的話，印尼餐廳的數量非常之多，甚至在小城鎮或村莊也能見到印尼餐廳的蹤影。菜單除了一定有印尼炒飯之外，也有仁當、加多加多等，菜色非常豐富。荷蘭人對印尼料理的滋味如此熟悉，主要原因是荷蘭從 1602 年起到 1949 年為止，曾殖民印尼長達三百五十年之久。但在許多菜色之中，有一道料理深深滲透了荷蘭人的餐桌，甚至被認為是當地的傳統料理——烤肉串「沙嗲」。

沙嗲的祖先是「卡博」？

　　沙嗲是以直火烘烤的烤串料理，使用的食材豐富多樣，從雞、

鴨、山羊、牛、水牛等肉類到各式海鮮，甚至還有用狗肉、烏龜肉、蛇肉、蜥蜴肉、蝙蝠肉、山羊睪丸等做成的沙嗲。一般是將食材以香料醃漬後，串在串叉上以炭火燒烤，烤出炭燒味後再沾上醬汁食用。醬汁是左右沙嗲味道最重要的關鍵，所以在專門經營沙嗲生意的知名餐廳，都會嚴格遵循醬汁的獨門秘方。而說到不僅在印尼，連在國外都很有名的沙嗲醬，絕對就是花生醬汁了。

食材、醬汁都千變萬化的沙嗲，除了味道多變之外，連外型都有好幾種。有些是把肉切成方便入口的大小串起，也有將絞肉搓成肉丸後串上去。串叉的材質一般最常使用木籤，但也會使用金屬鐵籤。在知名觀光景點峇厘島，則會使用削尖的堅硬香茅枝梗，香茅切面呈圓形，上下尺寸一樣細的部分用來串雞肉或海鮮沙嗲；切面平坦的下端把手較厚的部分，則用來串羊肉或牛肉沙嗲。

那麼，在種類繁多的沙嗲之中，到底要吃哪些才對呢？印尼旅遊局開設的 "Wonderful Indonesia" 網站上，一共向外國人推薦了七種沙嗲。分別是雞肉沙嗲 (sate ayam)、羊肉沙嗲 (sate kambing)、瑪基蘭沙嗲 (sate maranggi)、扇貝沙嗲 (sate kerang)、巴東沙嗲 (sate padang)、綜合海鮮沙嗲 (sate lilit) 和邦特爾沙嗲 (sate buntel)。

最常見的沙嗲就是雞肉沙嗲了。「ayam」在印尼文中是「雞」的意思，所以沙嗲 ayam 就是雞肉串。除了印尼，連在荷蘭等外國也是最常吃到雞肉沙嗲。沙嗲在印尼主要是在路邊攤享用的街頭小吃，但雞肉沙嗲則因為愛吃的人實在太多了，就連高級餐廳也有販售。用甜醬油醃好的肉在炭火上烤過，再沾上香辣的花生醬汁或印尼甜

在印尼可以吃到各式各樣的沙嗲，不管是什麼食材，只要串在竹籤上烤就可以稱為沙嗲。

醬油 (sweet soy sauce)[2] 享用。濃郁鹹香又甜滋滋的雞肉沙嗲，配上切細的紅蔥頭或是辣椒碎片，增添爽口滋味。

羊肉沙嗲就是羊肉串（kambing 意即山羊）。這也是一種很受歡迎、在印尼全國都吃得到的沙嗲。把切成塊狀的山羊肉加入鳳梨醃漬後烤來吃，香氣清新的鳳梨不僅可以抑制羊肉特有的腥味，還具有軟化肉質的效果，一般是沾上花生醬汁或甜醬油享用。

以牛肉或山羊肉製作的瑪基蘭沙嗲，則是距離首都雅加達 (Jakarta) 不遠，位於西爪哇的普哇加達 (Purwakarta) 的在地料理。將肉用青辣椒和甘蔗醋醃漬過後烤熟，再搭配紅蔥頭或番茄一起享用。

還有一種扇貝肉串叫做扇貝沙嗲。kerang 意為「貝殼」或「貝類」，是源自爪哇東部港都泗水（又稱蘇臘巴亞 [Surabaya]）的名菜。將扇貝煮熟後再以檸檬葉（馬蜂橙）、薑、甜醬油、酸豆汁液製成的醬汁醃漬，最後放在炭火上烘烤。

巴東沙嗲是來自擁有華麗飲食文化，位於蘇門答臘西部的港口城市巴東的經典沙嗲。或許是因為這道肉串的調理過程相當繁瑣，所以被歸類為高級料理。首先，將牛舌或牛肉和檸檬葉、香茅、香菜、薑、薑黃一起熬煮，去除肉的腥味並增添香氣。然後把煮過的肉再次用炭火烤過，淋上以香料製成的辣味醬汁享用。

綜合海鮮沙嗲是峇厘島的傳統烤串，將切碎的魚肉加上椰肉、檸檬汁、椰奶和紅蔥頭，做成魚漿後裹在香茅枝上呈圓柱狀（lilit 即

2　用發酵的大豆、椰糖等材料製作的醬料。

「纏繞」之意）再予以烘烤。除了魚肉外，還會使用雞肉、烏龜肉等，又因峇厘島是信仰印度教的地區，所以也會以豬肉為食材。

最後，邦特爾沙嗲是用牛絞肉或羊絞肉混入紅蔥頭、大蒜、薑、孜然等食材，做成類似米腸或香腸的形狀，再用網油（caul fat，即大網膜脂肪，是包裹牛、羊、豬等動物的內臟器官的網狀脂肪薄膜）包裹後沾上甜醬油燒烤的烤串。

沙嗲身為街頭小吃的代名詞，同樣也是很受歡迎的消夜選項。到了天色開始昏暗，白日熱氣逐漸散去的時候，沙嗲攤販們就會在城市的各個角落備好移動餐車，在火爐中燃起炭火。火車站或巴士轉運站附近，還有市場等夜裡也很熱鬧的地方，是品嘗沙嗲的最佳聖地。為了讓客人看見沙嗲被烤得鮮嫩可口的樣子，聽見它滋滋作響的聲音，商人們會在離火爐很近的地方掛上小小的瓦斯吊燈。行人紛紛被香噴噴的味道吸引過來，彷彿撲向路燈的飛蛾一般，成群結隊地聚集在攤子的瓦斯燈前，視線離不開正在烤的沙嗲。當然，沙嗲並不是只能在路邊攤吃的消夜，便宜的大眾食堂或昂貴的高級餐廳都有；祭典、節日或婚宴等特別的日子也少不了沙嗲，是一道與印尼人日常相伴的料理。

不過，烤肉串原本就是人類普遍的一種食物型態，因為這是從史前時代就流傳下來的調理方式。原始人開始懂得「火食」滋味的時候，不可能跟現在一樣有平底鍋或烤盤之類的烹飪道具，只能用石塊分割狩獵來的肉，插在尖銳的樹枝上，再用火烤熟後撕開享用。原始人們如此單純的食物，也隨著飲食文化的發達逐漸進化，演變

成今天的烤串料理。或許正因如此，烤串型態的肉類料理才會共同出現在世界各地的傳統飲食之中。

比方韓國就有「散炙」(Sanjeok)，散炙被推測是起源於高句麗時期（西元前 37～西元 668 年）將肉串在竹籤上享用的「貊炙」，稱得上歷史悠久。朝鮮時代的古書中也記載著雪夜覓炙、雪下覓炙等擁有相似名字的烤串[3]。而中國的羊肉串、日本的雞肉串（焼き鳥）、巴西的巴西烤肉 (Churrasco)、希臘的蘇夫拉奇 (Souvlaki) 串燒和喬治亞的沙士里克串燒等，也都是彼此有許多相似之處的烤串。

印度也有類似這樣的烤串料理，稱為卡博（kebab，不是把串在鐵籤上的肉一點一點削下來吃的土耳其卡博沙威瑪，而是我們熟悉的烤肉串外型）。沙嗲被公認為是從這種印度烤肉串發展而來。印度和印尼之間常有商人往來，卡博在這過程中自然而然流傳到了爪哇島，而沙嗲這個名字的來源，據說也出自印度坦米爾語[4]「sathai」，意為「瘦肉」[5]。

印度的卡博一般是將醃過的肉和蔬菜一起串起來烤，傳入印尼之後轉變為主要只烤肉的料理型態，尺寸也變小了。作為調味的香

3　鄭惠卿（音譯），《肉的人文學》（暫譯，原名《고기의 인문학》），Tabi 出版，2019。

4　屬於達羅毗荼語系 (Dravida)，是印度東南部坦米爾納杜邦的坦米爾族使用的語言，也是印度十五種官方語言之一。

5　Vivienne Kruger, *Balinese Food: The Traditional Cuisine & Food Culture of Bali*, Vermont: Tuttle Publishing, 2014.

料和醬汁，也隨著當地情況和口味改變。因為沒有明確的紀錄，所以對於卡博傳入印尼的時間，出現各種不同的說法。有人認為是好幾百年前，也有人主張是近代才傳入。從這樣的背景來看，會讓人不禁懷疑沙嗲究竟有沒有資格被認定為印尼的國民美食？畢竟它不是發源自印尼，而是從海外傳入的食物。但就像前面提過的，印尼從很久以前就是個多元民族、多元文化的國家，島嶼周圍有多個文化相互交流、衝突，碰撞出獨特的飲食文化。也就是說，印尼歷經長時間吸收許多國家的料理，並加以發展至今。如同中國的炒飯在地化後變成印尼炒飯，印度卡博則變成沙嗲一樣。和當地的飲食文化融合後開發出花生醬汁等獨特的在地風味，可以說充分反映出印尼多元的本質。

聞「香」而來的商人與帝國主義

如前所述，印尼是個海上商貿交流頻繁的地方。根據中國的文獻，中國從一世紀起就和西方的印度、南方的印尼有海上貿易往來。爪哇、蘇門答臘、婆羅洲等印尼各地，都曾挖掘出推測年代為三～七世紀的中國陶瓷器等工藝品。中國人在十三世紀蒙古人侵略時，也曾跨海來到印尼。然而正式開始在印尼定居生活，則是十五世紀之後的事。明朝航海家鄭和6為了傳播伊斯蘭教，將部分船員留在婆

6　有一說鄭和是中東裔的穆斯林，為增加明朝的朝貢國等目的，受明朝第三代皇帝明成祖（永樂帝）旨意率領艦隊南下，至東南亞、印度、阿拉伯，甚至遠征至非

羅洲，便在當地形成了中國村 7。在這之後每當中國朝代更替或發生內亂時，從中國逃出的人便陸續跨海來到印尼，於是印尼各處的華人群居地也持續增加。雖然也有中國人與當地人同化，但大部分人仍嚴守中國風俗，維持獨立的群體。這便是印尼料理中保有強烈中國色彩的原因。

七世紀起，阿拉伯商人往來印尼沿海，與印尼的原住民進行商貿活動 8。他們乘著船往來印度、印尼、中南半島和中國，最遠甚至到過東亞邊陲的新羅。當時蘇門答臘東南部海岸的巨港 (Palembang)一帶，有一個佛教國家稱三佛齊 (Srivijaya)，曾與中國、印度、阿拉伯、波斯等幾個國家貿易。三佛齊在梵語中意為「偉大的勝利」或「榮耀的征服」，在唐、宋的文獻中記載為「室利佛逝」，阿拉伯稱室利佛哲 (Sribuza)，印度則稱為 Suvaranadvipa（黃金之島）9。

三佛齊在十三世紀時滅國，在這之後，阿拉伯人仍舊持續造訪並在印尼停留。雖然印度教國家滿者伯夷 (Majapahit) 王朝10擊敗侵

洲。鄭和曾造訪印尼的爪哇島、蘇門答臘島與婆羅洲等地，締結朝貢關係並送上中國的文物。

7　Dwi Surya Atmaja, Fachrurozi, *Malay and Chinese Indonesian: A Fragile Relation in Northern Coast of West Kalimantan*, Pontianak: IAIN Pontianak Press, 2018.

8　Rumadi, *Islamic Post-Traditionalism in Indonesia*, Manila: Flipside Digital Content Company Inc., 2016.

9　R. James Ferguson, Rosita Dellios, *The Politics and Philosophy of Chinese Power: The Timeless and the Timely*, Maryland: Lexington Books, 2016.

10　雖然沒有明確的證據或文獻，使歷史學界仍存在許多爭論，但有資料指出滿者伯

略的蒙古軍，於 1292 年在爪哇東部建國，掌握周邊區域，但這時蘇門答臘北部也已存在多個伊斯蘭小國。一開始這些小國雖然只是進行三角貿易，但它們在十五世紀初因為生產胡椒變得富強。如上一章提過的，香料在當時的世界貿易中，可說是最有價值的商品。

以這些「胡椒王國」的興盛為起點，伊斯蘭教開始擴散至印尼全境。滿者伯夷在海上貿易受到眾伊斯蘭王國的打壓，國力漸衰，於十六世紀滅國。原本信仰佛教與印度教的印尼，此後便轉變為伊斯蘭國家。不過，胡椒的生產對印尼歷史而言，也是災難的開始。亞洲香料從大航海時代起，就是促使歐洲帝國主義興起的開端。1511 年葡萄牙侵略麻六甲蘇丹國，將其納入殖民地。麻六甲蘇丹國是為了躲避滿者伯夷攻擊，逃至馬來半島的三佛齊王室後代於 1400 年左右建立的國家。這個王國在印尼扎根，領土跨越麻六甲海峽，包括馬來半島和蘇門答臘東部海岸地區。因此麻六甲蘇丹國的衰敗是讓馬來西亞和印尼被捲入西方帝國主義列強殖民地爭奪戰的重要因素。

時間往後到了 1596 年，荷蘭人的船抵達印尼萬丹 (Banten)[11]。那是柯內里斯 (Cornelis) 和菲德烈·德郝特曼 (Frederick de Houtman) 兄弟組織的探險隊伍（更像是間諜或海盜），他們沿著島嶼

夷的國土（除了爪哇、蘇門答臘等印尼諸島之外，還包含馬來半島與菲律賓的一部分）便是今天印尼國土的基本範圍。

11　位於印尼爪哇島西北部海岸的港口城市。

的海岸線一直搜刮到爪哇東部，於 1597 年歸國，船上載著滿滿胡椒等產自印尼的香料。雖然探險隊伍兩年前從阿姆斯特丹出發時，是由四艘船載著兩百四十九位船員，但最後回去的，僅剩三艘船以及八十九位船員。

　　儘管受到如此巨大的損失，這次航行仍算是一筆划算的生意。因為印尼的胡椒本就被視為珍貴的商品，他們大賺一票的消息一傳開，荷蘭的五間公司便在 1598 年向印尼駛去了二十二艘船，爭先恐後地展開香料貿易。1599 年，某間公司靠著進口販售印尼產香料，足足賺進了 400% 的利益[12]。荷蘭議會擔心貿易競爭過激，勸告貿易商社們進行合併，於是在 1602 年，荷蘭東印度公司正式成立。此後，荷蘭商人們便與葡萄牙、英國等競爭者，展開一場角逐印尼統治權的大戰。

　　有名的度假勝地摩鹿加 (Maluku) 群島，當年便深陷在激烈的爭奪戰之中。這座熱帶島嶼上滿載著在歐洲價格高昂的丁香和肉荳蔻，因此又稱「香料群島」(Spice Islands)。對大航海時代的商人們而言，是個彷彿金銀島般的地方。荷蘭東印度公司在 1605 年從葡萄牙手中奪下摩鹿加群島的中心——安汶港 (Ambon)，掌握了世界香料貿易的主導權。趁著這個氣勢，荷蘭於 1619 年在現今的印尼首都雅加達一帶建立貿易根據地——巴達維亞 (Batavia)。但是荷蘭東印度公司

12　M. C. Ricklefs, *A History of Modern Indonesia Since c.1200*, London: Macmillan International Higher Education, 2008.

統治印尼的範圍有限，因為他們占領的只有爪哇島的巴達維亞周邊和東部海岸、蘇門答臘西部海岸、摩鹿加群島等部分地區，與四處林立的伊斯蘭王國們共存。

然而，隨著世界貿易的主流商品從香料轉為紅茶和咖啡後，香料的價值在歐洲逐漸降低，印尼再也不是會下金蛋的金雞母了。在這期間，荷蘭東印度公司因為長久以來的弊病、貪汙及經營不善宣告破產。對此，荷蘭政府於 1800 年將東印度公司國有化後，正式展開對印尼的殖民統治。不僅向農民課以重稅（約 40%），更將咖啡、紅茶、菸草、砂糖等新興熱帶作物，擴展為大規模的種植莊園，藉以填補貿易損失。如此一來便需要寬廣的土地，以及大量勞力需求。荷蘭最後動用武力，將印尼全域占領為直轄殖民地。

爪哇的伊斯蘭王國們成為第一個箭靶，他們強烈反抗，並主導各地暴動，農民等被統治的階層也隨即響應，於是在爪哇中部，爆發了由日惹 (Jogjakarta) 蘇丹國的蒂博尼哥羅 (Diponegoro) 王子率領的蒂博尼哥羅戰爭（1825～1830 年）。雖然原住民起義軍激烈抵抗，但要對抗以槍和大砲武裝的荷蘭軍隊，實在力有未逮，五年之間有二十萬人因此犧牲。然而起義軍仍舊不屈不撓地發起游擊戰，使得荷蘭在 1830 年向蒂博尼哥羅王子提出議和，但王子卻在協議的地點遭到挾持，之後被流放到和爪哇遙遙相望的蘇拉威西島 (Sulawesi)。這位至今仍被追尊為獨立戰爭英雄的王子，在流放地被監禁了二十五年之久，抑鬱而終。失去重心的起義軍也喪失戰鬥意志，荷蘭人就這樣掌控爪哇、蘇門答臘及婆羅洲等周邊地區。雖然殖民統治本

身就是卑劣的歷史，但在達成殖民統治目標前的過程，更是一段殘忍的歷史。

荷蘭飯桌——炫富的世界文化遺產

1602 年荷蘭東印度公司設立以來，被派遣至印尼長期駐守的荷蘭職員穩定增加。十七世紀初期，巴達維亞城的職員們還像軍人和僧侶一般，遵守著嚴格的規定生活。起床、用餐、工作、就寢時間等全都有相關規定，允許外出的時間也有規範，要是違規就必須支付罰金[13]。但問題出在正常的家庭生活，因為母國遙遠，印尼又偏遠險峻，所以只有上層幹部才有資格攜帶妻小一起移居。血氣方剛的男性職員雖然有喀爾文派式的強制禁慾，但無法持續太久。

隨著與原住民女性聯姻的荷蘭男性人數逐年上升，巴達維亞的亞歐混血兒 (Eurasian) 也急速增加。荷蘭政府將印尼全境作為殖民地後，為了成為大規模農莊主人，跨海而來的歐洲人也越來越多，混血兒的人數因此相對增加。隨著世代交替，無論是白人或混血兒，他們大多就像印尼人般吃穿，過著在地化的生活。在本國政府庇護下成為大農莊主的荷裔族群，紛紛透過剝削原住民勞力成了暴發戶。他們雖然有許多地方受到印尼文化的同化，但同時在荷蘭本土也有根基，經濟上很充裕，因此形成屬於他們的獨特上流生活風格。

13　松尾大，《バタビアの都市空間と文学——近代インドネシア文学の起源》，大阪：大阪外国語大学学術出版委員会，1997。

　　食物也一樣。當地料理中出現染上荷蘭色彩的印尼荷式 (Indo-Dutch) 飲食文化。「荷蘭飯桌」 (rijsttafel) 就是其中最具代表性的一種。這個字由荷蘭文的「飯」(rijst) 和「桌」(tafel) 組成，合在一起就是「飯桌」的意思。荷蘭飯桌的由來，是因為殖民地的荷裔農場主人為了炫富，招待客人時總會擺上一桌子豐富飯菜。這種餐食從十九世紀初出現，據說是源自蘇門答臘巴東的居民在節慶時端出許多菜餚和飯一起吃的「巴東飯」(nasi padang)。當然，荷蘭飯桌的主廚是暴發戶們為自家廚房請來的印尼當地女性。荷蘭人的口味相較開放，所以就算是當地人按照自己方式製作的陌生料理，也適應良好。亞洲同是米食文化圈，對熟悉白飯的韓國人而言「飯桌」並不陌生，但對於當時的荷蘭人來說似乎非常有異國情調，於是荷蘭飯桌便在殖民地印尼的上流階級之間大為盛行。

　　荷蘭飯桌第一次在文獻上留下紀錄，是出現在 1854 年荷蘭的印尼料理書中。1922 年，荷蘭主廚 Catenius-van der Meijden 以荷蘭飯桌為主題發行料理書，使其頓時聲名大噪。印尼的農場主人搶著增加飯桌上的菜色，一桌荷蘭飯桌的料理數量甚至曾高達四十種。雖然擺滿桌上的山珍海味也是財富的象徵，但穿著整齊制服，手裡端著一個個巨大餐盤，為主人列隊上菜的印尼僕人數量則更值得炫耀。

　　殖民時期的荷蘭飯桌是在桌子正中央擺上巨大的香蕉葉，上面放蒸好的飯，周圍擺上盛裝數十種菜餚的器皿，像自助餐一樣由個人拿取自己要吃的分量。菜色有肉類、海鮮、蔬菜等食材，也有湯、炸物、烤肉、燉菜等，運用各式各樣的調理方式出菜。不只料理的

一整桌豐盛的荷蘭飯桌，讓人看了就充滿食欲又有飽足感。就像韓式定食一樣，可以一口氣享用到各式各樣的料理。

過程，菜餚的色、香、味、口感、溫度上都有許多變化，是荷蘭飯桌的特徵。比方端出熱燙的湯品，就也會有冷湯一起擺在桌上。這樣的飲食文化隨著印尼獨立，也深入到荷蘭人的餐桌上。荷裔白人、亞歐混血的印尼荷裔等數十萬人為躲避印尼獨立勢力的報復，大舉遷往荷蘭，把荷蘭飯桌一起帶了回去。

隨著荷蘭飯桌受到大眾喜愛，荷蘭也在 1997 年播出來自峇厘島的 Lonny Gerungan 主廚所主持的電視料理節目「De reistafel」等，掀起一股印尼料理熱潮。荷蘭飯桌甚至還在 2015 年被登錄為荷蘭的非物質文化遺產。另一方面，在「飯桌文化」真正的誕生之地——印尼，卻因為對殖民歷史相當反感，使這種文化幾乎消失，只有在以外國人為客群的飯店餐廳偶爾能見到。不過，被視為是荷蘭飯桌起源的巴東飯則保留了下來。造訪市場的話，就能見到店家們擺出滿滿裝著各種傳統料理的巨大菜盒，等著客人上門。

如前文所述，荷蘭全國各地都有印尼餐廳，其中也有很多販賣荷蘭飯桌的餐廳。菜色數量比起帝國主義時代少了一些，一般是十五～二十種左右。也有把價格調低，將菜色數量減少為五、六種的精簡型荷蘭飯桌。配菜主要包含加多加多、仁當、春捲 (lumpia goreng) 和囉雜燉雞 (ajam roedjak)[14]，而沙嗲更是不可或缺的重要菜色。把滿是炭烤香氣的沙嗲沾上以花生、椰奶、醬油等製作的沙嗲醬汁享用，鹹香滋味跟香噴噴的飯很搭。

14　用辣椒和椰漿等製作的一種燉雞肉。

販售巴東飯的店家。

很合荷蘭人口味的沙嗲，不只作為荷蘭飯桌的菜色之一，也被當成單一餐點另外販售。雞肉沙嗲是最具代表性的餐點，它在荷蘭被叫做 kipsaté，「kip」意為「雞肉」。kipsaté 不只在印尼餐廳受歡迎，也是一般酒館的熱門餐點。連荷蘭的經典零食——炸薯條 (frites) 專賣店，有很多店家也連 kipsaté 一起販售。這種餐廳會用沙拉或薯條代替白飯來搭配沙嗲，再一起送上沙嗲醬汁和美乃滋，或者直接在沙嗲上沾上大量沙嗲醬汁。荷蘭的一般家庭也很愛吃沙嗲，kipsaté 做成很多即食調理包，最近在超市或網路賣場都能用便宜的價格輕鬆享用。

特別是加入花生醬的沙嗲醬汁，現在成為荷蘭的萬能醬汁。除了沙嗲之外，也用來為多種荷蘭食物增添風味。街頭小吃「薯條戰爭」(patatje oorlog)[15]就是其中之一，這個名字非常有趣，撒在薯條上的各式醬料和配料雜亂無章的樣子，看起來就好像打了場仗一般，因此得名。這道小吃經常出現在造訪荷蘭的旅客們的照片裡頭，粗粗的炸薯條上布滿沙嗲醬、咖哩醬、美乃滋和碎洋蔥等。沙嗲口味的荷式可樂餅 (satékroket) 同樣也是加入沙嗲醬汁增添花生香氣的一道小吃，它常被夾在麵包中像熱狗堡般享用。在荷蘭的超市也可以找到如番茄醬、美乃滋一樣被商品化的家用沙嗲醬汁，整齊劃一地陳列在架上。

15　在荷蘭北部叫做 patatje oorlog，南部則叫做 frite oorlog。

薯條戰爭。有時會像甜筒冰淇淋一樣裝在圓錐狀的包裝紙中，或者裝在塑膠盤裡出餐。

歐巴馬的「沙嗲回憶」

　　政治人物和藝人，雖然好像是兩個截然不同的職業，卻有相似之處。兩者都必須不斷在媒體上曝光，才能確保職業生涯長久，可說是「寧可惡評，不能無評」，必須仰賴關注維生的一群人。無論私下真實面貌如何，透過媒體呈現出來的形象都非常重要。在演藝圈裡，經常見到因為經紀公司策略性的行銷，使沒什麼魅力的新人被捧成巨星。同樣地，每次選舉也都能看到雖然對經營政事沒有足夠的知識和經驗，卻能靠關係占下好位子的政治人物。雖然歌手應該要靠唱歌實力、演員靠演技獲得大眾的喜愛，但其實長相或個性等因素才是人氣秘訣的情況更是不計其數。政治人物也是跟實際能力比起來，靠有魄力的外貌跟華麗口才獲得眾人喜愛的類型更多。對政治人物而言，傑出的演講和辯論技巧才是最能打動民心的武器，而擁有這些特質的人物中，有一位對沙嗲懷有特殊情感。

　　這個人正是美國第四十四任總統，也是第一位黑人總統──歐巴馬 (Barack Obama)。他在當上總統之前雖然是參議院議員，但黨內支持度不高，不是什麼主流人物。儘管經歷幾乎等同於政治新人，他卻在 2008 年的美國民主黨初選中擊敗希拉蕊・柯林頓 (Hillary Clinton) 這位大老，獲得候選人提名。他每次造勢時都用別出心裁的演說引起話題，可說是颳起了一陣歐巴馬旋風。歐巴馬高喊著「Yes, We Can.」這個上進的標語，在與共和黨老練的對手約翰・麥肯 (John MaCain) 的對決中取得最後勝利，成功當選總統。

　　他的演講內容甚至不斷在世界各國出版成書，相當受歡迎。政治人物演講最重要的是反映出自身的政治哲學，在這原料中再加入撰文者的文采添味。到這邊為止還屬於講稿上的領域，而歐巴馬的演講魅力絕對是超越講稿的。除了長相、表情、發音、動作等與生俱來的個人特質，他主導氣氛的表演力 (showmanship) 也堪稱一絕。2011 年為圖森槍擊事件受害者舉辦的追悼演說中，成為全世界話題的「五十一秒沉默」就是一個最具代表性的例子。像這樣集文采和口才於一身的人，自然能創造出著名的演說。

　　歐巴馬在 2010 年 11 月訪問印尼時，也再次用充滿表演力的口才獲得當地人們熱烈的歡呼。他在印尼大學演講時提到小時候在雅加達吃過的食物，還大喊了一聲「沙嗲！」原來是在模仿路邊攤招呼客人的樣子。

> 　　我們家住在一間很小的房子裡，房子前面有芒果樹。我學到了很多有關印尼的事。那時候都在放風箏、在田埂上跑來跑去，抓蜻蜓，然後買路邊攤的沙嗲和印尼肉丸 (Bakso) 來吃。我到現在都還記得路邊攤叫賣的聲音。「沙嗲！」就記得這個聲音。「肉丸湯！」

　　生於夏威夷的歐巴馬，在他六歲時（1967 年）曾到印尼生活四年。他的母親安‧鄧納姆 (Ann Dunham) 是信奉自由主義的白人嬉皮，她在夏威夷讀大學時跟來自肯亞的黑人留學生結婚，生下歐巴

馬。之後離婚和印尼留學生再婚，並搬到雅加達生活。畢竟是有如此特殊緣分的國家，歐巴馬平日也經常對印尼展現關愛。這天的演講中他也好幾次參雜印尼語，受到熱烈喝采，尤其在「沙嗲！」和「肉丸湯！」的部分，聽眾的歡呼聲更是震耳欲聾。

　　食物是最能引起人們同感的題材之一，而非常努力利用這一點的人莫過於政治人物。為了展現與庶民交流的樣貌，每到選舉季節，他們就會帶著電視臺攝影機去傳統市場吃辣炒年糕、炸物等，津津有味地享用平價的街頭小吃。喜歡的菜色一律是湯飯、刀削麵等庶民美食。你有看過政治人物說自己愛吃高級韓牛牛排或龍蝦嗎？不管私底下多鋪張奢華，在大眾面前也只會挑不怎麼起眼的食物入口。只有這樣，那些有大多數投票權的普通人，才會感受到同質性與親近感，覺得「他居然口味也跟我一樣耶？」盡可能多拿到一張選票。

　　歐巴馬雖然不是印尼總統，但他透過沙嗲演講得到當地人愛戴，也是類似的概念。前一任的美國總統──小布希針對中東展開過激的反恐作戰，將伊斯蘭世界視為仇敵。而全世界擁有最多伊斯蘭人口的印尼，自然不可能對美國抱持友善態度。在這情況下，中國 2013 年展開「一帶一路」[16] 戰略，將勢力擴展到亞洲和非洲，歐巴馬政府則透過與伊朗達成核子協議等「重返亞洲」(Pivot to Asia) 的

16　躍升為世界第二經濟大國的中國，帶著龐大的資本力求重新建立連結古代東西洋陸上及海上絲路的現代版交通網絡，是拓展中國與周邊國家的經濟、貿易合作，提高中國在全球政治、經濟影響力的項目。

外交政策與其對抗，展開對中國的牽制。東南亞國協 (ASEAN) 成員中，無論人口或經濟規模，印尼都是最大的國家，所以與印尼的外交關係自然有必要動用總統的緣分好好鞏固一下。印尼的國民美食沙嗲歷經長久歲月後，依然是便宜街頭小吃的代名詞。世界最大強權的美國總統主動模仿沙嗲小販的樣子，可以舒緩印尼人的反美情結，引發親近感，充分發揮改善兩國關係的軟化劑效果。

歐巴馬不僅有在印尼度過幼年期的經歷，他還是出身黑人、嬉皮、夏威夷等多元文化與少數派背景的人權律師，其建立起「站在弱勢一方」的形象，對於大部分都是「弱者」的選民而言是很有用的條件。然而當上總統之後，歐巴馬的實際政策或他的私生活，都有不少與形象截然不同的地方。2013 年爆發的史諾登事件[17]，以及他對既得利益者弊端的消極態度等，都讓他在美國國內的支持者感到失望。中東爆發敘利亞內戰、伊斯蘭國組織 (IS) 得勢等導致國家安全陷入亂局，使美國不斷派遣軍隊，戰爭從未止息。他刻意且露骨的親日舉動，等於是往帝國主義靠攏。儘管如此，歐巴馬的形象仍是功多於過，有一部分要歸功於他的繼任，那個讓美國從「世界警察」墮落為「世界流氓」的商人總統川普的古怪舉動。

不過，歐巴馬懷念沙嗲的庶民口味並不是騙人的。總統卸任後，他在 2017 年 6～7 月到印尼度過了十天的暑假，當地媒體整理出歐

---

17 任職於美國中央情報局 (CIA) 和國家安全局 (NSA) 的愛德華·史諾登 (Edward Snowden) 揭發歐巴馬政府進行駭客、竊聽等任意蒐集個資的行為。

巴馬度假期間吃的印尼料理寫成報導，其中也包含沙嗲。荷蘭帝國主義殖民時期，荷蘭植物學家們在荷蘭總督支持下興建茂物植物園 (Bogor Botanical Gardens)[18]，而歐巴馬據說就是在這植物園裡的高級餐廳，和印尼總統佐科威 (Joko Widodo) 一起享用沙嗲。跟他回憶中的滋味——路邊攤沙嗲比起來，可是貴了一倍的超豪華沙嗲呢！

18 茂物 (Bogor) 位在雅加達以南六十公里的山區，是荷蘭東印度公司時期所建設的都市，因為氣候相較雅加達涼爽，殖民時代荷蘭總督的別墅——茂物宮便興建於此，現在這棟建築則作為印尼總統官邸使用。茂物植物園建於 1817 年，共培育有一萬五千多種植物。

6

醃明太魚卵，
從韓國到日本

　　那是在 2001 年 9 月，我去日本東部旅行時發生的事。我跟幾個日本朋友去逛橫濱市中心，到了晚餐時間，大家走進一間購物中心裡的餐廳。那是間販售漢堡排、蛋包飯等和風洋食的家庭餐廳。為了讓來觀光的我可以嘗到多種料理，我們決定點各種菜色分著吃，點餐由當地人來負責。餐點在不久之後陸續上桌，其中有一道我這輩子從未見過的義大利麵，麵條中混著淡粉色的小顆粒，更神奇的是上面還像韓式宴會麵的裝飾一樣，擺著剪成細絲的海苔。試吃一口，發現它鹹香可口，滋味濃郁。雖然是陌生的食物，但非常提振食慾，忍不住一口接著一口。

「這是什麼？真的很好吃耶！」

「就是明太子義大利麵啊。」

「明太子義大利麵？我第一次吃到這種東西。居然在義大利麵上放海苔！韓國的義大利餐廳都沒有耶。」

「因為這不是義大利菜，是日式義大利麵，算日本料理。」

「這個鹹鹹的卵是什麼東西？」

「那是明太子。要怎麼解釋呢……可以說是鹽漬魚卵（塩漬け），所以很鹹。」

　　和朋友對話之後，我把注意力都放在剩下的明太子義大利麵，結果又再點了一份，在朋友照顧外國觀光客的心意下，幾乎都讓我吃完。餐後，我們決定到一個在橫濱獨居的朋友家喝酒，那也是我

借住一晚的地方。我們去超市挑罐裝啤酒和下酒零食，經過冷藏區時，一個朋友指著陳列架告訴我：「就是那個，剛剛你吃的義大利麵裡加的明太子。」架上擺著好幾樣商品，包裝寫著「明太子」三個大字。不過那塑膠包裝底下透出的紅潤明太子，長條而微圓的模樣看起來並不陌生，正是韓國的醃明太魚卵（醃鱈魚卵）。原來韓國的醃明太魚卵在日本被叫做「明太子」販售啊！好像在國外偶遇故鄉的朋友一樣讓人開心。

「啊，這是醃明太魚卵啦！」

「明帶宜暖？（當時朋友的日式發音到現在還強烈地烙印在我腦海裡⋯⋯）韓國把明太子叫做『明帶宜暖』？」

「嗯，醃明太魚卵。這是韓國傳統的食材，我們家也偶爾會買來當小菜吃。」

「你說這是韓國食物？不是啊，明太子是福岡的土產，你看，上面有寫『博多1名產』。」

跟朋友說的一樣，醃明太魚卵的包裝紙上，產地寫著「博多」。

「嗯，雖然它這樣寫，但醃明太魚卵是韓國食品沒有錯。韓國有超多用鹽醃漬的海鮮食材，魚、蝦、鯷魚仔、貝類、魷魚都可以這樣醃，韓文叫做『Jeot gal』2。」

1　博多在定名為福岡市前，是港口鬧區的地名。現在的名稱是福岡市博多行政區。

「啾嘎嚕？（我只是把朋友的發音直接寫出來） 韓國的 『啾嘎嚕』是跟日本的 『鹽漬』一樣的東西嗎？也是啦，明太子裡也加了辣椒粉，跟韓國料理的確有點像。」

話雖這樣說，但其他日本朋友的表情也充滿訝異。我沒有確切的背景知識，所以那時便無話可說。要是有智慧型手機，其實只要搜尋一下就能輕鬆解答，但那時並沒有這麼方便。韓、日之間關於醃明太魚卵故鄉的迷你辯論會，就這樣平淡無奇地結束了。我們一回到朋友家，把從超市買的大量罐裝啤酒喝下肚後，所有人都醉了，什麼醃明太魚卵的事全都忘得一乾二淨。韓國的醃明太魚卵在朝鮮日治時期跨越海峽，在日本變成家喻戶曉的「明太子」的故事，我過了好久以後才弄清楚。

神聖的明太魚，卑賤的明太魚卵

醃明太魚卵是一種用明太魚（黃線狹鱈）的魚卵所醃漬的鹽漬食品。就像得有父母，子女才能出生，因此要討論明太魚卵的話，就不得不先了解其父母——黃線狹鱈才行。黃線狹鱈是一種鱈屬魚，跟大西洋鱈比起來身形較纖細，長度也比較短，是冰水性海魚，肉

2　譯註：젓갈，指韓國傳統以鹽醃漬的海鮮類產品，可作為調味醬料或直接當成小菜享用，製作泡菜時也會加入一起醃漬。因以小蝦製作的最為常見，中文常被譯為「蝦醬」。

質細緻。牠們主要棲息於西伯利亞東邊的鄂霍次克海、白令海及阿拉斯加附近海域的北太平洋。在朝鮮半島冬季刺骨的寒風使東海水溫下降的時候，主要可以在咸鏡道近海捕到黃線狹鱈。就算漁獲量不如咸鏡道豐富，元山[3]、高城、束草等江原道北部沿岸也形成黃線狹鱈的漁場。牠們就是一種從北方南下，很常在北方被捕獲的魚種，所以又被稱為「北魚」，但這個名稱在韓國已經演變成明太魚乾的名字了。過去黃線狹鱈在東海的北方海域很常見，不過，海平面溫度上升及肆無忌憚的濫捕，導致牠們在該海域已經幾乎消失。現在我們餐桌上的明太魚，大多是產自俄羅斯。

明太魚出現於朝鮮半島的文獻上是在朝鮮建國之後。第一次留下的紀錄，是 1530 年的《新增東國輿地勝覽》[4] 中出現的「無泰魚」。書中介紹這是咸鏡道鏡城和明川郡的名產。現在韓國的國語辭典也把「無泰魚」列為明太魚的同義詞，並說明是「明太魚的咸鏡道方言」。而「明太魚」這個名稱第一次是出現在《承政院日記》1652 年的紀錄中，不過對明太魚和明太魚卵而言，是不怎麼愉快的內容。裡頭提到江原道獻給君王的特產鱈魚卵中混著明太魚卵，在當時是所謂的不良品，因此必須予以究責。由此推敲，鱈魚卵那時是足以登上王室御宴的名貴食材，但與其相似的明太魚卵（比鱈魚卵尺寸更小）則被當作是廉價的相近品而已。

3　譯註：元山市是目前北韓江原道的首府，港口城市。
4　1481 年發行之地理志《東國輿地勝覽》的增補版。

　　進一步說明，過去朝鮮各地方需上納特產作為稅金的「供納」
制度，對社會而言是一大問題。在兩次倭亂使全國陷入一片狼藉時，
朝廷又強制規定人民繳納貢品的數量，使得民不聊生。戰亂導致的
混亂尚未恢復，還遇到連年歉收，情況雪上加霜，特產不足的狀況
越來越嚴重。被逼急的百姓只得向地方官或中盤商購入特產，補足
朝廷分配的量，以免受罰。但每到收成期，百姓就必須以稻米支付
大量利息，這就是所謂的「防納」制度。此制度使得大多數良民為
了繳納難以負荷的稅金，不得不借高利貸，卻又為償還利息深陷貧
困之中。

　　為了解決這樣的弊端，1608 年京畿道率先開始施行《大同
法》5。但既得利益者們自然不可能坐以待斃。雖然兩班士大夫被排
除在供納義務之外，但他們也需要付土地稅。《大同法》是用土地的
結數6計算後，統一以米糧納稅的方式，因此，擁有許多土地的兩班
貴族需要負擔的稅金自然增加。於是在老論7等士大夫們強烈反對
下，足足又多花了一百多年，才讓《大同法》擴大施行至其他區域
（平安道與咸鏡道則自始至終都未列入）。

　　就算是施行《大同法》的地區，以「別貢」或「進貢」名義持
續搜刮貢品的情況依然層出不窮。江原道於 1623 年起適用《大同

5　　將地方特產統一以稻米代替的納稅制度。

6　　譯註：朝鮮半島傳統的土地單位，依時代有所不同，朝鮮世宗時期（1418～1450
　　　年在位）的一結約九千八百五十九平方公尺，約一甲。

7　　譯註：老論派，朝鮮王朝的朋黨之一，對比「少論派」。

高城的海邊。以高城為首，過去的江原道許多地區都能捕獲明太魚，但現在已近乎消失。

法》，但從三十多年之後寫成的《承政院日記》裡仍舊記錄了「貢品混入明卵騷動」一事，也可推知一二。身為國家領導階層，應該要追求富國強兵，保障國民享有舒適而安全的生活才對，但罔顧如此重責大任，一心只顧著成就自我利益，計較什麼鱈魚卵或明太魚卵的，簡直就是一群打造「地獄朝鮮」[8] 的鼻祖們。

　　雖然當時明太魚卵被視為比不上鱈魚卵的次級品，但明太魚對朝鮮人而言是神聖的生物。把明太魚掛在曬魚架上，經過冬季的寒風吹拂，結凍、消融再徹底乾燥後，就成了明太魚乾（北魚）。明太魚乾會供奉在祭祀的供桌上，等於是地位升級。朝鮮是一個父權的儒教國家，祭拜祖先神靈的祭祀場合，是四大儀禮「冠婚喪祭」之一，占據生活很重要的一部分。身分卑微的人也會注重祭祀父母，所以當時容易買到、價格平實且不容易腐敗的明太魚乾，就順理成章成為人們選擇供品的第一順位。那為什麼在種類繁多的各式乾燥海鮮中，明太魚乾最常被當成供品呢？不單純只是因為「漁獲量大，所以比較常見」這種理由。

　　關於上述問題，一篇題為〈有關明太魚之習俗與俗諺〉的論文[9]有詳細的說明。有趣的是，這篇論文把重點放在明太魚乾猙獰的外型上。明太魚乾在乾燥過程中，原本圓睜的眼睛和張開的嘴會更加

8　譯註：韓國人用來諷刺自己國家的話，跟臺灣人也常自嘲為「鬼島」類似。

9　全智慧（音譯），〈有關明太魚之習俗與俗諺〉（暫譯，原名〈명태와관련된민속과속담〉），釜慶大學海洋文化研究所，《朝鮮時代的海洋環境與明太魚》（暫譯，原名《조선시대해양환경과명태》），韓國國學資料院，2009。

突出。在韓國的民俗信仰中，認為這種具有威脅性的外貌可以驅邪，有避邪效果。所以除了祭祖之外，告祀[10]或傳統家屋上樑式等各種需要避邪消災的儀式中，都會使用明太魚乾作為供品。這與佛教寺廟入口常立有怒目而視的四大天王作為門神，是同樣的道理。

再者，明太魚屬於抱卵較多的魚種，這也是牠受歡迎的原因之一。在人手越多越好的農耕社會，多產便是多福的象徵。同樣地，韓國民俗信仰的潛規則之一是獻給天神的供品，不管哪個部位都盡可能別隨便丟棄，這點也與明太魚的特徵完全吻合。畢竟明太魚除了魚肉，連魚卵、內臟（醃腸卵，창난젓）、魚鰓（醃魚鰓，아가미젓）等全部都可以食用。身體所有部位都能作為食物享用，如同豬肉一樣，而豬肉也是供桌上的熱門食材。

明太魚乾在朝鮮八道的消費量急速增加，是在商業及運輸發達的十八世紀以後。此時，咸鏡道德源[11]的市場——元山市場成為明太魚乾生產與流通的聖地，崛起為代表朝鮮的商業中心。各地商人為了購買明太魚乾聚集於此，而他們也帶來各地的物資，使得這一帶越來越繁榮。明太魚乾很快就變得跟稻米一樣具有代替貨幣的功能。作為趨吉避凶信仰供品的明太魚，實際上也似乎是招來榮華富貴的靈驗生物。但如果要把明太魚吊在曬魚架上做成魚乾，首先必須切開魚肚，把裡頭的魚卵和內臟徹底清除乾淨才行。所以在咸鏡道或

10　譯註：祈求家庭、生意、鄉里一切平安的祭祀活動。

11　譯註：朝鮮時代的咸鏡南道德源郡德源府。

江原道的漁村，都有滿坑滿谷被丟棄的魚副產品。貧窮的漁民們不會把這些副產品直接丟掉，而是用鹽醃漬後留下來當作保存食品。

　　以鹽醃漬魚貝類再發酵製成的鹽漬海鮮醬，則是從朝鮮三國時代起就有食用的紀錄。朝鮮中期以後，不只作為小菜，還很常作為食物的調味料；到了朝鮮後期，這些鹽漬海鮮醬成為醃漬泡菜時用來取代鹽的食材。鹽漬海鮮醬的文化越來越發達，連明太魚副產品的供給量也隨之增加，因此醃明太魚卵、醃腸卵等食品會興起也很自然。第一次留下醃明太魚卵紀錄的文獻，是實學家李圭景於十九世紀中葉寫的《五洲衍文長箋散稿》[12]。這本書裡介紹了明太魚和明太魚乾，其中留下「卵醢日明卵」[13]的文字。

　　神聖明太魚乾之廢棄物製成的低賤醃明太魚卵，對朝鮮漁村的居民而言，是鹹香的配飯小菜，也是蛋白質的來源。加入辣椒粉和大蒜，吃起來香辣帶勁，十分美味。有一個人為其獨特的風味所傾倒，於 1907 年在江原道襄陽初次將醃明太魚卵製成商品販售，這個人就是來自日本的樋口伊都羽。

12　朝鮮第二十四代國王憲宗在位時，由實學家李圭景針對朝鮮半島、中國等各種事物所撰寫的百科全書。以天文、時令、地理、風俗、官職、宮室、飲食、禽獸等各式題材寫成，共留有六十卷傳世。

13　周永河，《餐桌上的韓國史：從菜單看二十世紀的韓國飲食文化史》（暫譯，原名《식탁위의한국사：메뉴로본 20 세기한국음식문화사》），Humanist 出版，2013。

日本帝國主義下的「韓流」

樋口伊都羽，1872 年生於日本東京。這樣的他怎麼會在三十五年後到江原道襄陽開始做起醃明太魚卵的生意呢？背後過程和日、韓兩國近代史的各大事件都有密切關聯。

樋口的父親是在明治維新（1868 年起）中，擁護江戶幕府的會津藩[14]武士。他的家族在戊辰戰爭（1868～1869 年）[15]中戰敗，家道中落之後，於 1870 年移居東京。跟樋口家一樣屬於過去江戶幕府家臣及武士階級的人口，總共約一百八十九萬人，維新政府得勢之後，其內閣及貴族在 1872 年重新賦予這些人「士族」的身分。士族擁有三等市民的資格，這種作法一方面能弱化其勢力，另一方面因為跟平民相較之下仍稍顯優越，具有安撫他們的效果。維新政府之後又以改革封建制度的名義一一剝奪士族的經濟特權。生計越來越困難的士族們，開始為了謀生進入第一線工作，在都市的人變成販售紅豆粥或點心的小販，在鄉下的人則開始務農。

但一輩子只揮過刀的武士突然要改做其他工作討生活，並不是件容易的事。尤其是轉職成商人的士族，他們不擅長算錢，也欠缺服務業精神，實在沒什麼競爭力。就算開了店，大多也只會把武士時期所留下來的財產揮霍得一乾二淨，家破人亡的情況不計其數。

14　今日福島縣西部一帶。

15　為爭奪日本主權，明治政府與江戶幕府間展開的戰爭。

甚至還出現專門嘲諷這種情況的話——「士族之商法」（士族の商法）。樋口家也是如此，身為武士之子的樋口伊都羽，在 1897 年他二十五歲時，下定決心要脫離貧困的生活，於是離鄉背井前往朝鮮定居。他一開始是在日本警署工作，但不久之後卻突然轉職從事漁業[16]。可能是因為當時有很多日本漁產業者都在朝鮮半島海域賺大錢的關係。

舊韓末時期[17]的日本人為什麼要特地來到朝鮮，仰賴漁業生活呢？雖然日、朝強制合併是在 1910 年，但早在 1876 年，朝鮮便和日本簽下《江華島條約》，把大部分的經濟主權交給日本。之後連續簽訂 1883 年的《朝日通商章程》、1889 年的《朝日通漁章程》等，使日本人得以在朝鮮的全羅道、慶尚道、江原道及咸鏡道海岸停留，從事漁業，因此日本的漁產業者可以利用朝鮮半島三面環海的主要漁場。日本漁夫們帶著發達的漁船和漁具，迅速蠶食朝鮮的漁場。連帶影響移居朝鮮的日本漁業人員也不斷增加。原本從事傳統漁業的朝鮮漁夫因為技不如人，逐漸淪為被日本人雇傭的低薪勞工。在這段過程中，日、朝漁夫之間衝突不斷，甚至接連發生暴力、殺人等事件[18]。

16　今西一、中谷三男，《明太子開発史：そのルーツを探る》，東京：成山堂書店，2008。

17　譯註：為了和現在的大韓民國區分，韓國歷史學者會稱呼大韓帝國時期（1897～1910 年）為舊韓末。

18　1901 年 1 月，從釜山乘船而來的船員在江原道高城的我也津，與日本人酒後發

　　1905 年簽訂《乙巳條約》之後，日本帝國政府在朝鮮半島的所有產業都毫不顧忌地展現出殖民的野心。1908 年公布的《朝鮮漁業法》也是其中之一，這項措施將朝鮮的漁場全數對日本漁民開放。同時日本政府也在朝鮮推動日本漁產業者移民，及促成日本人漁村形成[19]。而這時在元山（當時屬咸鏡道）從事明太魚捕撈事業的樋口伊都羽，偶然嘗到漁民製作明太魚乾過程中，將丟棄的魚卵製成的醃明太魚卵，立刻被那鹹香微辣的滋味深深吸引住了。樋口伊都羽更進一步摸索如何將醃明太魚卵開發成商品。1907 年，他在江原道襄陽成立樋口商店，將商品名稱取為「明太子」，意即「明太魚的卵」，開始販售以辣椒粉和鹽醃漬的醃明太魚卵。

　　明太子賣得非常好，曾經手各式水產商品的樋口商店決定將明太子定調為店裡的主力商品，並在 1908 年將店址搬遷到日本商店林立的釜山富平洞。為了有效率地搜刮朝鮮半島及侵略中國本土，日本政府特意以釜山為中心，構築交通基礎建設[20]。正如樋口所預想

生衝突，朝鮮船員李春萬被人用刀殺害。1902 年 5 月，釜山發生了日本船員荒尾安藏性騷擾朝鮮婦女，之後被村民們用石頭砸死的事件。除此之外，全羅道高興郡的尖島，也曾有因買賣漁網價格引發衝突，朝鮮人將來自日本廣島的船員川本松次郎丟到海中殺害等事件。各地漁業人員的暴力、殺人事件層出不窮。尤其日本漁夫常按照日本的習慣光著上身在村子裡走動，變成引發糾紛的主要原因，朝鮮人和日本人之間甚至還曾經在合約中列出「不要脫衣服」的條款。

19　竹国友康，《ハモの旅、メンタイの夢：日韓さかな交流史》，東京：岩波書店，2013。

20　1905 年，隨著連接下關（馬關）和釜山的關釜聯絡船，及連接京城（現首爾）

的，釜山迅速躍升為日、朝的交通樞紐，關釜聯絡船[21]等候室販售紀念品店等商家的樋口商店明太子，對於常進出朝鮮半島的日本人而言可說是「朝鮮珍饈特產」，大受歡迎。而在口耳相傳下，日本本土對明太子的需求也隨之增加，朝鮮產的醃明太魚卵便以冷凍狀態穿越大韓海峽（對馬海峽），販售到日本列島各地。歷史上的第一筆紀錄是 1914 年，當年對日本的年輸出量是一百三十噸（總生產量兩百三十三噸，總輸出量一百四十噸），七年之後的 1921 年則高達一千兩百九十六噸（總生產量一千四百零六噸，總輸出量一千三百四十九噸），暴增將近十倍。朝鮮醃明太魚卵在這之後，有 90% 以上都銷往日本。朝鮮日治時期中規模最大的 1941 年，年生產量紀錄甚至高達六千九百零一噸。樋口商店的規模也因此擴大，釜山本店就有十幾位樋口家的親戚從日本跨海來到朝鮮工作。他們在明太魚的漁場──元山開設新分店，透過三～五艘捕撈明太魚的漁船直接取得原料。元山分店有日本人經理和朝鮮漁夫、製作醃明太魚卵的工人等約三十名員工[22]。

醃明太魚卵貿易持續榮景，相關製造公司也陸續出現。日本的視聽資料網站 Japan Archives[23]上，刊出 1915 年在東京販售的朝鮮產

和釜山的京釜線開通，便完成東京、下關、釜山及京城的串接，連結朝鮮半島和日本列島的交通網就此建立。

21　譯註：1905～1945 年從日本下關至朝鮮半島南端釜山間航行的載客渡輪。

22　今西一、中谷三男，《明太子開発史：そのルーツを探る》，東京：成山堂書店，2008。

乾燥明太魚卵（からすみ[24]）的包裝紙和插畫，但這並不是樋口商店的商品。製造和販售來源是京城的大型流通業者「海市商會」[25]，販賣處則是東京的加嶋屋商店。海市商會的乾燥明太魚卵，製造工廠位於京城的東四軒町，位在今日首爾的獎忠洞一街。包裝紙上明確寫著「朝鮮特產」。可能對當時的東京人而言，醃明太魚卵仍舊算是陌生的食物，所以商品的說明標示得非常冗長。

> 本商品以朝鮮特產明太魚的魚卵精製而成。就像內地（日本）的乾燥鯡魚卵（日本的新年食物）一樣，朝鮮在供品料理中必定會獻上此食材，以表禮儀。本品滋味極為鮮美，最適合作為清酒或啤酒的下酒菜。（中略） 無需擔心味道走味或腐敗，非常適合旅行時帶著享用，而且搭配餐食一起品嚐，可以促進食慾，還有補充體內營養的效果……（後略）

　　日本在明治維新以後推動近代化，陷入盲目的「脫亞入歐」思想與種族歧視主義。他們對西洋文物另眼相看，東洋文物則是落後的象徵。飲食文化也同樣如此。他們認為若想擁有白人般高大的體

23　ジャパンアーカイブ，刊載 1850 年後日本近現代大量的相片資料，同時也有販售，屬社團法人，jaa2100.org。

24　將魚卵鹽漬後乾燥而成的日本食品。（譯註：以鮪魚、烏魚、鰆魚等魚種的卵鹽漬後乾燥而成，臺灣的烏魚子也屬於からすみ的一種）

25　朝鮮日治時期在京城的本町（現在的明洞、忠武路一帶）經營的朝鮮名產商行。

格，就要吃跟白人一樣的食物，國家獎勵國民享用洋食。從當時日本人的角度來看，殖民地朝鮮的傳統食材，想必是野蠻人的食物。實際上他們歧視朝鮮人時，也經常嘲笑朝鮮人身上有泡菜或大蒜的味道，批評朝鮮食物。儘管如此，在曾是貧窮朝鮮漁民所享用、搬不上檯面的庶民食材——明太子面前，高傲的帝國主義美食觀念也似乎不得不為之屈服，稱讚它是滋味鮮美、營養豐富的朝鮮特產，讚不絕口。然而，曾抓住日本人胃口的朝鮮醃明太魚卵，卻從日本的土地上消失了。這是因為負責供應醃明太魚卵的朝鮮，終於獨立了的關係。

日本明太子的誕生

日本在 1945 年的第二次世界大戰中敗給了盟軍。朝鮮半島南邊由美國軍政府駐軍，北邊則有蘇聯軍政府入駐，日本帝國長達三十五年的殖民就此畫下休止符。住在朝鮮半島的七十五萬三千多名日本人，突然面臨遣返。身為傀儡政權的滿洲國約有八十二萬人，日本的另一個殖民地——臺灣，則有約五十萬人；這些在日本帝國庇護下，生活在海外領地的日本人，總共有大約六百六十萬人，都遭遇到同樣的困境。其中也有很多是在殖民地朝鮮的土地上出生，故鄉是京城或釜山（他們大部分住在首都圈和慶尚南道的日本人聚居區）的人。1913 年生於釜山，度過學生時期後前往滿洲工作的川原俊夫，也是其中之一。他和仁川出生的日本妻子一起在他三十二歲時搬到日本福岡生活，開了一間小店「福屋」（ふくや）。

　　川原在釜山草梁洞的日本社區和日本人一起生活長大，不過他畢竟是「釜山人」，接觸朝鮮食物的機會還是很多。據說他平時非常喜歡加入大量辣椒粉和大蒜的韓式辣味醃明太魚卵。但是回到日本之後，就沒辦法再吃到醃明太魚卵。因為直到日、韓建交的 1965 年為止，足足二十年之間，兩國的交流處於中斷的狀態。朝鮮日治時期靠明太子事業大賺一筆的釜山樋口商店一家人，在朝鮮獨立之後回到日本經營農業，度過和醃明太魚卵毫無關聯的餘生。既然買不到，川原夫婦便開始嘗試在家自製辣醃明太魚卵來享用。

　　當時福岡住著很多像他們一樣，在朝鮮半島出生長大的日本人。釜山出身的日本人鄰居們到川原家來玩，吃到醃明太魚卵後直說這是回憶中的滋味，非常高興。見到此景的川原，從 1949 年開始在自己的店裡販售名為 「味之明太子」（味の明太子） 的手工醃明太魚卵。開賣初期銷量並不是很理想，因為日本人偏好鹹甜的味道，對於辣椒粉的辣味和大蒜刺激的香味有些排斥。雖然好吃但太辣又太鹹，甚至有人因為味道太重，先用水洗過後才吃。於是川原花了十年的時間，才終於開發出適合日本人口味、滋味溫順的日式醃明太魚卵。他用發色劑代替香辣的辣椒粉，保留了醃明太魚卵特有的紅潤色澤。此即「調味液型辛子明太子」[26]。

26　原始的醃明太魚卵作法是一口氣將鹽、辣椒粉、調味料等與明太魚卵混合，使其熟成，但福屋的調味液型辛子明太子作法是將鹽漬過的明太魚卵除去鹽分，使鹹度下降後再放入調味液中醃漬。

　　「味之明太子」開始發光發熱，則是在進入 1960 年代之後。這時福岡發展為九州的產業重心，也是交通要道，流動人口大幅增加。受到高度經濟成長的影響，觀光業和農特產品也發達起來，「味之明太子」成為代表福岡的知名特產。尤其隨著 1975 年福岡博多站新幹線開通，明太子便以「博多名產」的身分成為日本全國知名的食物。因為流通技術發達，除了能向東京、大阪等大都市的百貨公司出貨新鮮的冷藏明太子，甚至還能開放宅配訂購、網路販售，全國各地的訂單蜂擁而至。於是，從一間小食品行開始的「福屋」成長為年銷售額達到一百四十六億日圓（2018 年），員工多達六百五十多名的中型企業。在今日福岡，這間公司可說是無人不曉的知名企業。

　　川原俊夫對醃明太魚卵的無比執著和成功的故事，被日本媒體多次報導，他的兒子川原健為了紀念父親誕辰一百周年，在 2013 年 1 月將父親的生涯撰寫成書[27]。福岡縣的西日本電視臺 TNC 以這本書為原作，在同年 8 月製作成電視劇特輯《明太子夫婦》（めんたいぴりり）[28] 播出，當時也在釜山進行拍攝。連續劇播出之後獲得好評，2015 年推出續集《明太子夫婦 2》，接著同年也上演同名舞臺劇《明太子夫婦》。之後的 2019 年 1 月，電影《明太子夫婦》在日本影壇上映，同年 4 月，舞臺劇續集也接著推出，可說是「一源多用」

27　川原健，《明太子をつくった男：ふくや創業者・川原俊夫の人生と経営》，福岡：海鳥社，2013。

28　日文中「ぴりり」(piriri) 是用來表現吃了辣的東西，舌頭刺痛的感覺。

日式醃明太魚卵——明太子。日本人因為不習慣辣味，便用發色劑取代辣椒粉，使其保持紅潤色澤。

(one source multi-use) 行銷手法的最佳範例。這證明了明太子不只作為食材大受歡迎，更是能作為日本文化界影像與演出內容的高人氣素材。

　　還有另外一個事件能推估出醃明太魚卵到底有多受歡迎，就是福岡和北海道之間的「創始戰爭」。1970 年代中葉，隨著明太子「博多名產」的名號越來越響亮，北海道的海產業者則將其視為「北海道名產」，對博多猛烈回擊。引發他們不滿的是，九州明明抓不到明太魚，怎麼可以用「博多名產」來行銷？當時北海道的醃明太魚卵業界認為原料明太魚是在他們鄰近海域捕獲，因此主張明太子的創始地應該是北海道。但因為博多明太子本就極為美味，這場戰爭最

後以福岡的勝利作結[29]。從醃明太魚卵真正發源地——韓國的立場來看，日本國內居然自己掀起這種爭論，只覺得荒唐罷了。

當然，韓國和日本之間，也對醃明太魚卵展開微妙的心理戰。2019 年，日本某位知名 Youtuber 在吃醃明太魚卵複合式料理的影片中，提到「明太子明明是日本食物，卻跟洋食很搭」，這句話引起一番爭議。韓國用戶們紛紛留言抗議，表示「明太子來自韓國的醃明太魚卵」，這個消息甚至還被韓國媒體報導，引發不小的騷動。但在日本，許多人都認為明太子是參考韓國醃明太魚卵，重新開發成日式口味的日本食物。福屋的第五代繼承人川原武浩社長，曾在 2017 年 Cow-TV[30]的專訪中提及相關由來：

> 説明起來有點複雜，原本韓國有種食物，叫做「醃明太魚卵」(Myeongran-jeot)，就是用明太魚的魚卵鹽漬而成的。但它跟現在的明太子味道和口感比起來，有點像又不太像。韓國的醃明太魚卵很鹹很辣，魚卵的顆粒感不強，感覺是比較軟爛的質地⋯⋯把那種食物改良，製作方式也全部改變之後作出來的就是現在的「味之明太子」，即日本的辛子明太子。複雜的是，可能韓國人也覺得辛子明太子很好吃，日本的辛子明

29　藤井正隆，《感動する会社は、なぜ、すべてがうまく回っているのか？》，東京：MAGAZINE HOUSE，2011。

30　專門採訪日本企業的網路電視公司，主要內容包括企業人專訪、企業經營戰略等等。

太子傳到那邊（韓國）之後，原本的醃明太魚卵幾乎消失了。所以雖然韓國人會說：「明太子原本是韓國的食物吧？」但其實不是這樣。雖然原型的確是從那邊（韓國）來的，但明太子是改良後再次傳入韓國的食物。

看著福屋社長的專訪影片，讓我回想起在橫濱第一次吃到明太子義大利麵時，曾和當地的朋友討論過醃明太魚卵到底是哪個國家的食物。果然知識就是力量。韓國人對於朝鮮時代咸鏡道和江原道漁民們吃過的傳統醃明太魚卵，應該要更有系統地仔細研究，開發出新的料理。隨著全球掀起對日式料理的熱潮，看到明太子被當成具有獨特魅力的日本食物來行銷，更讓人不禁這麼想了。

傳統料理是民族的資產，光憑這個事實，就有值得保存並予以發展的正當性及價值。而現在是一個盛行觀光和貿易，貨幣能透過民間交流隨時跨越國境藩籬的全球化時代。傳統料理現在要成為白花花的銀子了。

明太子不思議！可樂、冰淇淋？

醃明太魚卵本身雖然是一道完整的配飯小菜，但也可以用來作為各種料理的食材。韓國料理中有用醃明太魚卵煮的魚子湯和嫩豆腐鍋，也有醃明太魚卵雞蛋捲和蒸蛋等料理。不過以料理的使用靈活度來講，日本人的食譜則有更多元的變化。這是醃明太魚卵受到大眾的喜愛，商品化所帶來的結果。

明太子義大利麵是一種只要走進日本的便利商店，都找得到的加熱速食餐點。
而且就像韓式宴會麵中會放入雞蛋絲一樣，這道料理一定會放上剪成細絲的海
苔作為裝飾。

　　像前面提到的明太子義大利麵就非常具有代表性，這是一道以
義大利麵結合韓國醃明太魚卵的日本創意料理。看起來是參考東京
新宿義大利麵專賣店「壁之穴」（壁の穴，1953 年開業）在 1960 年
代推出的鱈魚子（たらこ）[31]義大利麵，運用口感相近的明太子製
作。雖然明太子義大利麵確切的由來不詳，但據說是搭上 1980 年代
的「義大利餐」（イタ飯）潮流[32]開始流行。日本知名設計師森英惠，

31　用鱈魚卵鹽漬的日本食材。

32　所謂的「イタ飯」，就是日文中把「義大利餐」簡稱後的單字。1980 年代是日本
　　泡沫經濟的高峰，隨著當時日本上班族的口袋越來越深，開始興起一股享受高級
　　文化的潮流。這種傾向在飲食文化中也很明顯，正統法式料理的價格本就高昂，

也曾在她 1982 年連載於《週刊朝日》的專欄〈我的交遊錄〉（私の交遊録）中介紹明太子義大利麵。日本食品公司愛思必 (S&B) 則在 1988 年推出即食義大利麵醬「生風味辛子明太子」（生風味からし明太子）。由此可知這時明太子義大利麵不僅是外食，也已然成為人們會自己在家烹煮的大眾料理。

醃明太魚卵也常用來當作居酒屋的下酒菜，直接享用生的明太子，或者用奶油稍微煎過。我吃過的明太子料理中，個人最愛的是「酥炸明太子」，我去京都旅行時，京都車站附近一間叫做「蔵倉」的居酒屋就有這道下酒菜。在巨大的明太子上均勻裹上麵粉、蛋液和麵包粉，然後用熱油油炸。看起來跟炸豬排有點像，炸物總是最正確的選擇。外面的炸衣酥脆可口，裡面的明太子熟得剛剛好，吃起來濃郁美味。雖然明太子的鹹味有點太刺激，但配上爽口微苦的生啤酒，沒有什麼比它更相稱的了。

當然，也不能少了明太子夾心麵包。韓國的麵包店也有賣，稱為「明卵法國麵包」，日本則是稱「明太法國麵包」（明太フランス）。它來自福岡的一間麵包店「Full Full」（フルフル），是 2001 年以在地特產明太子開發的新產品。切開法國麵包，中間塗上混入明太子的奶油就完成了。跟福屋的明太子一樣，這法國麵包剛上市的

景氣好時主要也只有上層階級能享用，而義大利料理則相對平價，很受中產階級歡迎。於是義大利麵、披薩等義大利料理變得十分流行，稱之為「義大利餐潮流」。

明太子常與日本的梅乾一起用來製作飯糰。

時候，客人反應也不甚熱絡。理由除了這個組合很陌生，還因為麵包本身大又硬，吃起來很費力。但店家把它切成一口大小販售之後，它的美味就開始口耳相傳，瞬間知名度大增，仿效它的產品開始擴散到日本全國的麵包店，甚至是便利商店。現在一天可以賣出一千八百條以上，是排隊才買得到的人氣麵包。日本也不停出現各種改良版本，我吃過「明太子馬鈴薯麵包」，是觀光聖地——沖繩知名麵包店「Pain de Kaito」所販售的明太子法國麵包。上面塗有以福岡產明太子調味的馬鈴薯沙拉，鹹香的明太子與滋味清淡的馬鈴薯，組合出來的味道非常好。

除此之外還有明太子三角飯糰、明太子馬鈴薯沙拉、明太子烏龍麵、明太子文字燒[33]、明太子炒飯、明太子豆芽湯、明太子山藥泥蕎麥麵、明太子炒麵、明太子拉麵、明太子蒸餃、明太子三明治等等，加入明太子的食物實在種類繁多。受到這種風潮影響，日本的加工食品同樣也著迷於所謂的明太子風味。光看零食類，就有明太子米香、明太子年輪蛋糕、明太子薯條餅乾、明太子脆餅、明太子洋芋片等等，每間食品公司都不停推出各式明太子的新產品。而把明太子和美乃滋混在一起的明太子美乃滋，還有明太子醬油、明太子奶油等各式醬料，也非常受到歡迎。

還有一些挑戰創新的食物，也很引人注目。例如日本餐飲業界

33　文字燒（もんじゃ焼き）是日本關東地方的料理，將肉、蔬菜、海鮮等拌入很稀的麵糊中，放在鐵板上煎熟享用，跟什錦燒（お好み焼き）類似，但水分更多。

推出使用明太子美乃滋的炸蝦堡，或者加入整條明太子的漢堡，甚至還有明太子碳酸飲料、明太子冰淇淋等。明太子再怎麼說都稍有腥味，加進這些令人意外的食物之中，想引起話題的成分可能比較大，這是一種想藉由熟悉的食材打動年輕族群的行銷策略。

一吃難忘！香辣醬醃明太魚卵

漢字「明」的日文讀音大致有「mei」、「min」、「myo」幾種。「明太」的明發音卻是特別的「men」。有人推測這是來自韓文明太魚的慶尚道方言——「맹태」(Maengtae) 的發音。將韓國醃明太魚卵帶去日本的樋口商店位於釜山，所以這個猜想的確有跡可循。

但明太魚 (Myeongtae) 這個名字，在韓文中同樣是特別的魚類名稱。對於明太魚的語源，有很多種說法，而李裕元於 1871 年寫成之《林下筆記》[34] 中介紹的內容，則是最廣為人知。

> 明川漁父有太姓者，釣一魚使廚吏供道伯（朝鮮的地方官吏，觀察使）。道伯甚味之，問其名皆不知，但道太漁父所得。道伯曰：「名為明太（明川太氏）可也。」自是此魚歲得屢千，石遍滿八路，呼為北魚。

---

[34] 朝鮮末期的文臣李裕元，將他對朝鮮和外國的政治、經濟、文化等各方面的知識與個人見解集結成書。

明川地區屬於咸鏡道，與東海接壤，此地離北韓的豐溪里核子試驗場並不遠。朝鮮時代，這一帶的近海可以捕到滿坑滿谷的明太魚。況且這裡是明川太氏的原籍，也是太氏家門的集姓村。前駐英北韓大使太永浩的父親，故鄉正是明川郡，太永浩也曾在自己的書《三樓書記室的暗號》（商周出版，2019）中寫道：「我的本家是明太魚語源『明川的太姑爺』一家。就是明川的太姑爺捕了魚獻給王上，於是成為明太魚命名由來的那個故事。」結合這些事實來看，《林下筆記》中的明太魚語源說是很有道理的推測。

從明川再南下一點，就到了元山──這裡可說是日本明太子的起點，如前所述，樋口伊都羽是從元山漁民餐桌上的醃明太魚卵，得到將其商品化的靈感。元山場也是朝鮮明太魚流通的搖籃。作為一首超越時代的知名歌謠，「明太魚」[35]（1952 年）這首歌的歌詞，也讓我們明白元山是明太魚的主要集散地：

> 在墨藍的海、深深的海底
> 成群結隊吸吐著冷水，身長和腦袋都長得夠大的時候
> 和我愛的朋友們一齊搖著尾巴、跳著舞
> 你推我擠之下

---

[35] 咸鏡南道咸興的大學生邊焄（畢業後成了外交官）在韓戰中的避難地大邱收到楊明文所寫的詩，並為其作曲。因為歌曲結構及歌詞在當時太過前衛，1952 年剛開始登臺表演時受到不少批評。

襄陽南涯港近海。明太魚會再次回到這美麗而清澈的大海嗎？

被某個寬厚漁夫的漁網撈了起來

遊覽完宜居的元山

接著像埃及的王子般變成木乃伊的時候

某個寂寞又貧窮的詩人晚上寫詩喝酒的時候

啊～

變成他的下酒菜也不錯

變成他的詩也不錯

就算我被唰唰撕開，身體沒了，我的名字也會留下來

明太～呵呵呵呵！我叫明太～呵呵呵呵！

我會留在這世上

　　被漁夫捕獲的明太魚在變成木乃伊（明太魚乾）前參觀的宜居之地，就是元山。明川和元山就像這樣，是與明太魚及醃明太魚卵緊密連結的地方，但現在卻都成了韓國人無法踏足的土地。雖然我吃過很多韓國的醃明太魚卵和日本的明太子，但這輩子卻沒吃過、甚至也沒機會看過北韓的醃明太魚卵。我一邊寫著關於醃明太魚卵的各式內容，結果食慾也被激發。對於這種食物在歷史上的兩個故鄉，我也非常好奇當地的醃明太魚卵味道究竟如何？不過又不能為了吃醃明太魚卵「越北」，只好改成去襄陽過過乾癮。

　　襄陽是離元山不遠的嶺東北方海岸地區，從前能抓到很多明太魚。這裡也是樋口商店最初販售明太子的地方。剛好那時首爾的天空被霧霾籠罩了十幾天，所以想順便去透透氣。通過長達十一公里

放在海鮮醬店家展示臺上的醬醃明太魚卵，第一口吃下去雖然又辣又鹹，卻有種讓人忍不住一口接著一口的魅力。也有像泡菜一樣用加了許多大蒜和辣椒粉的鮮紅醬汁醃漬的傳統製法醬醃明太魚卵，味道更加濃郁。

的麟蹄襄陽隧道之後，世界彷彿夢境般瞬間清澈起來。如屏風般高聳的太白山脈，擋住西邊從中國吹來的霧霾，好久不見的蔚藍晴空令人激動。

到了襄陽南涯港，我與妻子走路去海邊，撞見了正在用東海的新鮮海風來風乾明太魚和魟魚的小曬魚場，所以稍微參觀了一下。明太魚被挖掉魚卵和內臟，敞開空蕩蕩的肚囊，下巴穿上繩子在架上吊成一排，景象真是悽慘。儘管如此，我還是很想吃美味的醃明太魚卵和明太魚料理，人類的食慾還真是殘忍。可惜的是我們並沒有在南涯港附近找到醃明太魚卵，上網搜尋發現束草觀光水產市場有各式各樣的海產，便決定動身前往。果然市場裡有很多賣鹽漬海鮮醬的商店，每個櫃臺上都擺著醃明太魚卵。我們逛了一圈詢問店家，果然跟我們想的一樣，原料都是用俄羅斯產的明太魚卵。問他們什麼時候賣過韓國產的，答案卻是「想不起來了」。說得也是，既然是自由自在穿梭大洋的明太魚，怎麼會有國籍之分呢？

醃明太魚卵的展示臺上，除了我們熟悉的滑溜醃明太魚卵，還有一種像泡菜般整齊浸泡在鮮紅醬汁中的魚卵，名為「醬醃明太魚卵」。我所知道的醃明太魚卵叫做「低鹽醃明太魚卵」或「白明太魚卵」，試吃比較一下，發現醬醃明太魚卵加入大量以辣椒粉、大蒜等做成的醬汁，火辣的滋味和香氣強烈刺激著舌頭和鼻腔，鹽分也很高。老闆一邊說：「年輕人比較常買低鹽的，有點年紀的人就會喜歡醬醃的。醬醃明太魚卵真的很好吃啊！」然後一邊推薦我們買醬醃口味的。雖然我從兩、三年前開始就放棄拔白頭髮，已經不能再躋

身年輕人的行列，但這個味道對我來說還是太刺激了。我太太也揮著手直說：「又辣又鹹」。曾被稱為「卵醢」的朝鮮漁民傳統醃明太魚卵，味道可能跟這個很相近吧。而滋味清淡許多的低鹽醃明太魚卵或白明太魚卵，跟改良成符合日本人口味的明太子應該比較接近。總之，我們最後買的是一盒低鹽醃明太魚卵。比起首爾超市同樣價格的東西，分量大概足足多了四～五倍。

　　不過奇怪的是，在隔天回首爾的車程中，我總是不時想起醬醃明太魚卵那誘人滋味。在沾有滿滿紅色醬汁的醃明太魚卵上，淋上一點香噴噴的芝麻油，然後拌著白飯大口吃下，不用額外配其他菜，也是超美味的一餐。好可惜啊！因為第一印象太強烈了，覺得有點不能接受，但傳統的醃明太魚卵的確有種濃豔的魅力。帝國主義的統治者們，一開始也是被這殖民地漁村貧窮的小菜激起貪吃的慾望；那足以跨越海峽，深深扎根在日本列島飲食文化中的底蘊，正是從原始的醬醃明太魚卵滋味中湧出的力量吧。我嚥下口水，跟太太說：「下次去束草，我們一定要買醬醃明太魚卵回來。」

結　語

「獨自一人能做的很少，但眾人一起能做的很多。」(Alone
we can do so little: together we can do so much.)

——這是海倫・凱勒 (Helen Keller) 說過的話。各位都知道，她
看不見也聽不見。儘管如此，她還是做了許多撼動人心、改變世界
的事。因為有像安・蘇利文 (Anne Sullivan) 這樣的人在一旁幫忙，
才有可能達成這樣的奇蹟。如果沒有「一起」而是「獨自一人」的
話，海倫凱勒或許仍被困在黑暗與寂寥之中，無法實現她的夢想。
一想到她所經歷過的現實，就更能切身體會這句名言。不過這句話，
或許是對此時此刻的我們來說，最迫切的一句話。

把這本書初稿交給出版社的那天，是韓國出現第一位新冠肺炎
(Covid-19) 確診者的日子。那時我還期待這個病就像 SARS、H1N1、
Mers 等其他類似傳染病一樣，可以隨時間解決。但是季節已經交替
多次了，直到本書編輯完成，即將出版時，這恐怖的病毒仍然在全
世界各處肆虐。每天都有許多人失去性命，人類被破壞的日常依然
沒有恢復。甚至出現令人絕望的預言，指出新冠肺炎病毒會持續變
異，變得像感冒一樣永遠留在我們身邊。人類的生活確實在新冠肺
炎出現以前和以後，產生巨大的變化。

在如此前所未見的危機之中，正如海倫・凱勒所言，並非「獨

自一人」，而是「眾人一起」的力量，更發揮出真正的價值。為阻絕傳染，除了要保持社交距離，還要能同舟共濟、同心協力互相支持，就可以一一解決猛烈襲向人類的共同難題。然而，這並不像說的這麼容易。因為傳播疾病的新冠肺炎病毒，也向人們傳染不信任感與憎恨。有些國家的政府背棄國際互助的精神，隱瞞疾病的嚴重性，或者相互推卸責任，點燃本國利己主義的熊熊火焰。所以才會導致戴口罩與否的小衝突，嚴重到演變成殺人事件的地步。

尤其在歐洲或美國，亞裔居民變成無辜的洩憤對象，種族歧視越演越烈。他們把所有東方面孔一律稱為「冠狀病毒」，或者明目張膽地在大白天的街頭使用暴力，種種事件接連不斷。只憑種族或人種，就把歧視和汙衊視為理所當然，這種帝國主義時代的愚昧無知，好像又重新回到我們身邊。而且絕大多數加害者是過去被帝國主義犧牲的人的後代擺脫不了仇外心理枷鎖的黑人，這樣的事實更讓人訝異。

本書的宗旨是透過歐洲人食慾所釀成的帝國主義，探討征服統治者味蕾的「殖民美食逆向帝國主義」。希望我們可以克服不幸的過去，跳脫種族或民族的藩籬，作為人類共同體，一起盡情享受那真正的美味。我殷切期盼這樣的世界能夠來臨，於是提筆寫下這本書。但在寫書的過程中見到新冠肺炎導致分裂和對立越發嚴重，心情十分黯淡。「獨自一人能做的很少，但眾人一起能做的很多。」希望人們可以重新想起這句名言，趁還來得及的時候開創共存之道，而這本書所介紹的六種食物，也希望能就此登上人類和睦的餐桌。

　　另外，海倫・凱勒的話也正好非常符合本書寫成的歷程。在蒐集資料、拍照、採訪、編輯的過程中，我受到許多人的幫助。多虧有他們，才得以解決我獨自一人無法處理的課題，順利出版這本書，藉此表達我的感謝之意。

　　Special thanks to H. E. Chafik Rachadi, Ambassador of His Majesty the King of Morocco and Ms. LallHind Drissi Bourhanbour of Embassy of the Kingdom of Morocco, Ms. Yaroslava Velyka of Embassy of Ukraine, Mr. Yurii Kovryzhenko, Ms. Andrea Némethof Hungarian Cultural Centre London, Ms. Zsuzsanna Muhari and Mr. Imre Horváth of Association of Hungarian National Values and Hungarikums, Swami Vivekananda Cultural Centre Seoul, VITO Korea.

　　Dabi 出版社的朴城京代表及申秀珍（音譯）主編，還有成為我人生伴侶和支柱的妻子，以及總是站在我這邊為我打氣的媽媽，在此我也想向他們表達誠摯的謝意。

2020 年 9 月

南源相

✖ 怎麼就到了突尼西亞
——發現 10337 公里外的奇幻國度

過去你不知道，但現在可以更了解她！茉莉花、沙漠、海洋、羅馬與伊斯蘭，這些看似毫不相關的元素，卻是組成突尼西亞的重要因子，一起踏上這個未知的國度吧！讓前往突尼西亞超過四十次的「超」資深導遊為你實況導覽，帶你踏遍突尼西亞的大街小巷，探索突尼西亞多元豐富的文化，感受當地的人文、景緻，不用擔心玩什麼、怎麼玩，跟著這本書走就對啦！

✖ 帶這本書去聖地

以色列與約旦，既是動盪的世界中心，也是《聖經》動人故事的起點，藏有影響世界歷史的關鍵，看作者用風趣幽默的口吻一一道來！含金量超高的人文知識、超有料的實況導覽，搭配比 GPS 精準的「獨家手繪圖」，帶你詳看建築細節、景點分布，體會世界級的感動！

✖ 帶這本書去埃及

真實的埃及，除了神祕與奇幻外，還有非常迷人與悠閒的一面，到處都充滿了驚奇與喜悅。走吧！讓資深領隊帶您一探究竟。跳脫坊間傳統的旅遊書籍，擺脫名片式的景點介紹，把埃及的歷史、文化、美景與閒散，搭配百張不容錯過的獨家影像，結合在每日旅遊行程中，帶您領略不曾預期的美麗風景。

✖ 匈牙利史
——一個來自於亞洲的民族

匈牙利這一塊古羅馬時代被稱為「潘諾尼亞」的土地，曾有許多族群交會於此，直到九世紀時，馬扎爾人從東方千里迢迢跨越喀爾巴阡山，融合了原居當地的不同族群，帶來嶄新的轉變，匈牙利波瀾壯闊的歷史，就從此時展開！本書作者以彷若說書般的口吻，帶您認識匈牙利的過往今昔，尋訪美麗景物背後的文化底蘊與歷史意涵。

✖ 奧地利史
——藍色多瑙國度的興衰與重生

奧地利有著令世人屏息的絕美風光，音樂、藝術上更有登峰造的傲人成就。這個位處「歐洲心臟」的國家，與德意志世界有著千絲萬縷的糾葛，其波瀾壯閱的歷史發展，造就了奧地利的璀璨與滄桑。讓我們嘗一口甜濃郁的巧克力，聽一曲氣勢磅礴的交響樂，在阿爾卑斯山環繞的絕色美景中，神遊奧地利的古往今來。

✖ 印尼史
——異中求同的海上神鷹

今日印尼是世界上最大的群島國家，共有一萬七千多個小島、三百多個民族和七百多種語言，在這個多元文化的國家中，有著豐饒的天然資源，並存著複雜的種族宗教和文化，以及長年動盪不安的政經局勢。印尼國徽中，神鷹腳下牢牢地抓住「形體雖異，本質卻一」的官方標語，似乎是這個國家的最佳寫照：掙扎在求同與存異之間，以其鞏固這個民族國家。

✖ 韓國史
——悲劇的循環與宿命

聞名全球的流行文化、內涵深刻的人文旅遊，韓國是古今交匯的華麗舞臺。然而在光鮮的外表下，卻暗藏一段悲痛與苦難交織的血淚過往。千年來，朝鮮半島歷經戰爭的紛亂與強權的統治，直到二戰後，終於脫離日本的殖民統治，重建國家光榮的希望就在眼前，卻仍因外力而被強硬劃分，沿北緯38度線，橫貫田野、切割家園，至今仍糾纏難解。

國家圖書館出版品預行編目資料

征服統治者的味蕾／南源相著;徐小為譯.――初版一
刷.――臺北市：三民，2022
　　　面；　　公分――（生活・歷史）
　　譯自：지배자의 입맛을 정복하다：여섯 가지 음식
으로 본 음식의 역제국주의

　　ISBN 978-957-14-7368-0　（平裝）
　　1. 飲食風俗 2. 世界歷史

538.7　　　　　　　　　　　　　　110021815

生活・歷史

征服統治者的味蕾

作　　　者	南源相
譯　　　者	徐小為
責任編輯	林汝芳
協力編輯	吳琪玉
美術編輯	陳惠卿

發 行 人	劉振強
出 版 者	三民書局股份有限公司
地　　址	臺北市復興北路 386 號 (復北門市)
	臺北市重慶南路一段 61 號 (重南門市)
電　　話	(02)25006600
網　　址	三民網路書店 https://www.sanmin.com.tw

出版日期	初版一刷 2022 年 2 月
書籍編號	S600430
I S B N	978-957-14-7368-0

지배자의 입맛을 정복하다：여섯 가지 음식으로 본 음식의 역제국주의
Copyright © 2020 by Wonsang Nam
Traditional Chinese copyright © 2022 by San Min Book Co., Ltd.
Original Korea edition published by TABI Publishing co.
Traditional Chinese Translation rights arranged with TABI Publishing co.
through M.J Agency
ALL RIGHTS RESERVED

三民書局